ÉDOUARD CLERC

# QUE HÁ PARA ALÉM DA MORTE?

3ª edição

Tradução

@ :@-editoraquadrante
♪ :@editoraquadrante
▪ :@quadranteeditora
f Quadrante

QUADRANTE

São Paulo
2024

Título original
*Par delà la mort*

Copyright © 1993 Éditions de Solesmes

Capa
Provazi Design

**Dados Internacionais de Catalogação na Publicação (CIP)**

Clerc, Édouard
   Que há para além da morte? / Édouard Clerc – 3ª ed. – São Paulo : Quadrante, 2024

   ISBN: 978-85-7465-671-7

   1. Doutrinas – Escatologia I. Título

CDD 291.23

**Índice para catálogo sistemático:**
   1. Escatologia : Cristianismo 291.23

Todos os direitos reservados a
**QUADRANTE EDITORA**
Rua Bernardo da Veiga, 47 - Tel.: 3873-2270
CEP 01252-020 - São Paulo - SP
www.quadrante.com.br / atendimento@quadrante.com.br

# SUMÁRIO

PRÓLOGO ......................................................... 5

A VIDA ETERNA ............................................. 11

A MORTE ....................................................... 27

O JUÍZO .......................................................... 45

O INFERNO .................................................... 59

O PURGATÓRIO ............................................. 79

O CÉU ............................................................. 93

CONCLUSÃO ................................................ 119

# PRÓLOGO

Um jovem encontra-se prisioneiro num campo de concentração bem guardado. Das torres, as sentinelas vigiam dia e noite. A cerca eletrificada não perdoa ninguém. É impossível pensar sequer na possibilidade de uma fuga.

Um dia, porém, esse prisioneiro ouve comentar que na manhã seguinte se deixará aberta uma pequena porta de serviço, para que uns operários possam entrar. Levanta-se muito cedo e, no momento em que a porta fica livre por um descuido dos guardas, aproveita a ocasião para fugir. A partir desse instante, terá de atravessar todo o país inimigo, evitando qualquer ocasião de ser recapturado, antes de poder voltar à sua pátria, à casa de seu pai, onde reencontrará todos aqueles a quem ama. É a esperança de recuperar essa felicidade tão ardentemente desejada que lhe dará coragem para caminhar dia e noite e para suportar todos os sofrimentos da longa jornada.

Durante o tempo em que cruzar esse país estrangeiro, não há dúvida de que não se entreterá pescando ou caçando borboletas: seria uma insensatez. E seria uma insensatez ainda maior, e mais perigosa, se esquecesse que há um inimigo à sua procura. Por isso, é impensável que possa sentir-se definitivamente instalado nesse país, por mais belo que seja. Pelo contrário, à medida que os dias forem passando, experimentará uma alegria cada vez maior em imaginar a felicidade e a paz infinitamente grandes e estáveis que o esperam no final dessa dura travessia. Pensará cada vez menos nos sofrimentos ou sacrifícios que tem de suportar, e cada vez mais no término feliz da sua viagem.

Cristo falava em parábolas, isto é, contava histórias para tornar compreensíveis aos seus ouvintes determinadas verdades. Tal como as parábolas do Senhor, a história que acabamos de contar — sem dúvida, muito simplificada — é fácil de entender.

Todos nós, desde o nascimento, éramos prisioneiros do Maligno por causa do pecado de Adão. O pecado original e as suas consequências foram transmitidos a toda a humanidade como uma doença hereditária. O Batismo purifica a alma: é a porta da libertação. Todo o batizado é, em certo sentido, um fugitivo do poder do Maligno. Como no caso desse rapaz, a nossa principal ocupação consistirá em seguirmos o caminho certo para "retornarmos" à nossa pátria e à casa do nosso Pai que está nos céus, para onde Jesus se dirigiu a fim de preparar-nos um lugar. Mas o ponto essencial a ter em conta é que a nossa vida na terra é fundamentalmente uma viagem que deve conduzir-nos à vida definitivamente feliz.

No caminho, ao mesmo tempo que cumprimos a missão que Deus nos confiou na terra — sempre positiva e transcendente —, todos teremos de sofrer dificuldades e fadigas, pois é necessário que vivamos e avancemos esforçadamente, a cada dia. Não devemos entreter-nos com coisas que talvez sejam agradáveis em si mesmas, mas que poderiam entravar, desviar ou tornar mais lento o nosso avanço. Naturalmente, é preciso desconfiar do inimigo, que procura continuamente atrair-nos a uma emboscada. Para todos nós, um dos maiores perigos é instalarmo-nos na vida presente como se fosse durar para sempre, esquecendo-nos do Céu. E o que nos sustenta durante as fadigas da travessia é a virtude da esperança.

Tudo o que expusemos até aqui pressupõe a fé na vida eterna, e que sejamos capazes de responder às dúvidas e objeções que se levantam contra ela. As páginas seguintes procurarão explicar o que devemos saber a respeito do que existe para além da morte.*

---

(*) Nesta edição, incluem-se no final de cada capítulo algumas citações, que podem ajudar o leitor a fixar as considerações feitas pelo autor. [N. T.]

# A VIDA ETERNA

*Pensar no além*

Na Exortação Apostólica *Reconciliação e Penitência*, o Papa João Paulo II afirma: "A Igreja não pode omitir, sem grave mutilação da sua mensagem essencial, uma catequese constante sobre o que a linguagem cristã tradicional designa como os quatro últimos fins do homem: Morte, Juízo, Inferno e Paraíso" (Exort. Apost. *Reconciliação e Penitência*, 02/12/1984).

Esse texto declara com toda a clareza, sem deixar margem a dúvidas, que é falta grave omitir a catequese sobre a morte e o que há para além dela, e exige que se transmitam os ensinamentos necessários para esclarecer os fiéis acerca do tema. Caso contrário, haveria o perigo de as pessoas se instalarem na vida terrena, deixando de buscar a felicidade eterna que lhes foi preparada. Quando pensamos no inevitável final da nossa vida — na *nossa* morte, e não somente na dos outros —, desprendemo-nos necessariamente de muitas coisas inúteis e esforçamo-nos por agradar a Deus e evitar o pecado. É por isso que encontramos em toda a Tradição da Igreja essa recordação dos últimos fins do homem. Houve até épocas em que alguns pregadores ou missionários recorriam com bastante frequência a sermões em que pintavam a morte e o inferno em termos muito vivos.

Na Idade Média, em que eram muitos os iletrados, este ensinamento era transmitido por meio de imagens, o que nos proporcionou maravilhosos afrescos e esculturas sobre o Juízo final e as suas consequências: de um lado os eleitos, do outro os condenados. Essas imagens deveriam dar-nos que pensar, porque a realidade que representam não se modificou um ápice sequer. Na nossa época eletrônica, já não se fala do céu nem do inferno, porque não se pode demonstrá-los no laboratório nem calculá-los através do computador. A televisão não nos mostra o inferno, mas sim o egoísmo, a violência, a ambição, a vaidade, a injustiça, a sensualidade erótica e o crime que a ele conduzem... É como se o "diretor" dessas produções materialistas, que sabidamente procura por todos os meios dominar as almas, nos fosse dessa forma acostumando à prisão, para que não nos ocorra nenhuma tentativa de sair dela. Não seria nada mau, portanto, que recuperássemos um temor saudável, porque *o temor do Senhor é o início da sabedoria* (Eclo 1, 16).

*Existe algo para além da morte?*

Diante da inquietante pergunta: "Que há para além da morte?", à qual ninguém consegue subtrair-se, são possíveis diversas atitudes.

Em primeiro lugar, há os que se julgam ou se arvoram em *esprits forts*, em incrédulos; segundo eles, na nossa civilização atual, já não é possível falar de uma vida 'eterna' nem de 'ressurreição'".

Muitos deles são ateus, e negam tudo porque se recusam a aceitar Deus: nada mais lógico. Mas, mesmo nessas pessoas, permanece, como uma dúvida a roer-lhes as entranhas, a interrogação sobre o além: "Será que *realmente* não há nada depois da morte?" Em toda a história da humanidade, a morte sempre foi considerada como uma viagem; encontramos a crença numa outra vida em absolutamente todas as religiões, ou seja, o homem sempre acreditou que o seu espírito, o seu "eu", a sua alma, não podia morrer. Por mais que alguém se diga ateu, este dado histórico levanta imperiosamente a questão sobre a outra vida.

Em segundo lugar, há os que se dizem cristãos, mas afirmam ser incapazes de crer na ressurreição da carne e na vida eterna, que, nos dias de hoje, lhes parecem invencionices de uma ficção científica moralizadora, cujo objetivo seria levar as pessoas a evitar o mal. Afinal de contas, já não estamos na Idade Média!

É preciso recordar-lhes que a ressurreição da carne e a vida eterna são objeto da nossa fé, pois fazem parte do nosso *Credo*. Temos de *crer* nessas verdades justamente porque são mistérios, isto é, ultrapassam a nossa razão, pois para conhecermos aquilo que é demonstrável não necessitamos de fé; e a Igreja, transmitindo-nos o ensinamento do próprio Cristo, pede-nos que o aceitemos. Ou cremos no Credo inteiro ou não cremos em nada. Quem se limitasse a crer numa parte do que a Igreja propõe à nossa fé, recusando-se a aceitar o resto, tornar-se-ia um sectário, um herege, por mais que se dissesse cristão. Porque os motivos que nos levam a ter fé na divindade de Jesus, ou na sua presença real na Sagrada Eucaristia, aplicam-se igualmente aos ensinamentos do Magistério sobre a vida eterna.

Por fim, há também uma multidão de homens, e até de cristãos, que simplesmente não respondem de maneira nenhuma à pergunta sobre o além, porque nem sequer a formulam. A sua vida cristã e espiritual encontra-se como que asfixiada sob o peso das ocupações e preocupações puramente materiais e egoístas. Mas não se pode servir a dois senhores: se é verdade que essas pessoas conservam a fé, ao mesmo tempo a fé é nelas como uma dessas minúsculas flores que sobrevivem a duras penas nas fendas de algum muro, arriscando-se a todo o momento a ser arrancadas ou então a secar e desaparecer. A frase que às vezes aflora aos lábios de alguns — "...afinal, só se vive uma vez" — para justificar o desleixo e a recusa de qualquer sacrifício, deveria completar-se pela sua consequência lógica: também se morre uma só vez...

"O homem de hoje encontra-se encerrado no marco de uma vida terrena mais ou menos bem-sucedida" (João Paulo II, *ibid.*); no entanto, o Evangelho recorda-lhe a insensatez de semelhante escolha: *Os campos de um homem rico tinham dado abundantes frutos; e ele discorria de si para si: Que farei, pois não tenho onde recolher os meus frutos? E disse: Farei isto: Demolirei os meus celeiros, fá-los-ei maiores e neles recolherei todo o meu trigo e os meus bens. E direi à minha alma: Ó alma, tens muitos bens armazenados para longos anos; descansa, come, bebe, regala-te. Mas Deus disse-lhe: Insensato, esta noite virão demandar-te a tua alma; e as coisas que juntaste, para quem serão?* (Lc 12, 16-20).

Ora, nós temos uma certeza de fé — uma vez que é a Igreja, isto é, o Espírito Santo, que no-la ensina — que nos diz ser a morte a passagem para uma vida nova.

Devemos, portanto, crer nesta verdade com todas as nossas forças. Além disso, mesmo sem necessidade de grandes filosofias, qualquer um de nós pode muito bem fazer o seguinte raciocínio.

O corpo, que é material, transforma-se — cresce, degrada-se, dissolve-se, como todos os seres vivos materiais. A alma, que é espiritual (possui inteligência e vontade), não pode sofrer transformações nem corromper-se. Desde a primeira juventude até a velhice, apesar das mudanças do seu corpo, o homem permanece o mesmo na sua personalidade, no seu "eu". Isto equivale a dizer que a sua alma não muda com o corpo, que não é atingida pelo desgaste do tempo. Pode-se concluir, pois, que, com a morte, a alma se separa do corpo, mas não morre. O final da nossa viagem na terra é a vida definitiva da alma, ou seja, a vida eterna, que não tem fim.

## Merecer uma vida eterna feliz

Diz-nos o Papa que é necessário crer "com a certeza própria da fé que, para além da vida presente, por trás das misteriosas portas da morte, se perfila uma eternidade de alegria na companhia de Deus, ou de dor no afastamento de Deus" (João Paulo II, *Alocução*, 02/11/1982). A entrada no Reino dos Céus, isto é, a posse da felicidade, não está automaticamente assegurada: é preciso merecê-la, conquistá-la. E quais são as condições?

O Evangelho sintetiza-as numa só: fidelidade. *Vem, servo bom e fiel [...], entra no gozo do teu senhor* (Mt 25, 21). O servo é bom porque é fiel. A fidelidade consiste na adesão sólida a determinada pessoa ou a determinados princípios e, por conseguinte, no cumprimento exato das promessas feitas ou da palavra dada; é a realização cabal dos compromissos assumidos. Tudo isto corresponde tão bem ao que deve ser uma pessoa batizada que, para designar os cristãos, dizemos simplesmente: "os fiéis".

Mas *a que* devemos ser fiéis?

— Aos mandamentos, isto é, a tudo o que Deus nos manda, seja diretamente (os Mandamentos de Deus), seja por meio da sua Igreja. Quando a Igreja prescreve que se assista à Santa Missa aos domingos, mostra-nos a vontade de Deus, e é a ela que se obedece.

— À graça, que é a nova vida sobrenatural e a ajuda que Deus nos dá. Com o Batismo, fomos elevados à condição de filhos de Deus, recebemos o dom de participar da própria vida divina, e estamos por isso comprometidos a viver essa vida. É necessário, portanto, sustentá-la, fazê-la crescer mediante a recepção dos Sacramentos, a oração e a santificação amorosa do dever, e evitar tudo aquilo que poderia fazer com que a perdêssemos. A fidelidade aos compromissos batismais é um imperativo: viver como filhos de Deus é viver santamente a missão que Deus nos confia neste mundo, procurando cumprir a vontade divina.

— Por último, é uma obrigação absoluta sermos fiéis ao depósito da Revelação divina, que só a Igreja possui e nos dá a conhecer. Há muitos batizados que se deixam arrastar por doutrinas falsas ou que procuram conciliá-las com a fé católica: trata-se de pura e simples infidelidade à fé. Repitamos, portanto, o que aprendemos no Catecismo: "Meu Deus, creio firmemente em tudo o que ensina a santa Igreja Católica, e quero ser-lhe fiel".

## Esperança e temor

Por que os homens de hoje se mostram tantas vezes tristes, inquietos e amargurados? Por lutarem com grandes problemas sociais? Sempre os houve. Por estarem constantemente ameaçados pelo perigo da guerra? Sempre foi e sempre será assim. A sua tristeza não é, na verdade, senão a falta de esperança.

Que é a esperança? É a espera confiada da posse de um bem. O objeto da esperança cristã é o Paraíso, o bem definitivo, a vida com Deus; e, ao mesmo tempo, a graça, sem a qual não poderíamos lá chegar. Se não se tem esta esperança de uma vida definitivamente bem-aventurada, a vida presente torna-se tristonha, a ponto de chegar a ser insuportável. Nem o dinheiro, nem o conforto proporcionado pela sociedade de consumo, nem o sexo desenfreado, nem muito menos as drogas, nada disso é capaz de aliviar essa espécie de depressão coletiva. Quando os homens procuram ignorar a Deus, castigam-se a si próprios privando-se da verdadeira alegria e da verdadeira paz. E o fim que esperamos, a felicidade, foi-nos prometido pelo próprio Deus, que sempre é fiel às suas promessas.

Por outro lado, o salutar temor do pecado é uma espécie de barragem a impedir-nos de penetrar no "terreno minado" do pecado, que deturpa, desvia e estraga a existência. Se não se crê na vida eterna, só resta a alternativa de obedecer cegamente às próprias paixões; e quando se enreda por esse caminho, chega um momento em que as pessoas não suportam mais viver assim, e em que a única saída lógica é o suicídio. Mas quando se sabe que há vida eterna, e, portanto, que há inferno, seria uma insensatez viver sem pensar no perigo mortal que ronda os imprudentes. Ninguém iria brincar de esconde-esconde numa cabine de alta tensão, que além do mais trouxesse o aviso de perigo à porta.

\* \* \*

Se não houvesse outra vida além desta, a vida seria uma brincadeira cruel: hipocrisia, maldade, egoísmo, traição. (São Josemaria Escrivá, *Forja*, n. 1000)

Os homens passam, a verdade do Senhor permanece para sempre. (*Imitação de Cristo*, I, 5, 2)

*Que aproveitará a um homem ganhar todo o mundo, se vier a perder a sua alma?* (Mt 16, 26). Que aproveita ao homem tudo o que povoa a terra, todas as ambições da inteligência e da vontade? Que vale tudo isso, se tudo acaba, se tudo se afunda, se são bambolinas de teatro todas as riquezas deste mundo terreno, se depois é a eternidade para sempre, para sempre, para sempre? (Josemaria Escrivá, *Amigos de Deus*, n. 200)

Naquela morada, os dias não consistem em começar e passar um após outro, nem o começo de um dia significa o fim do anterior; todos os dias são simultâneos, e nenhum deles acaba onde nem a vida nem os seus dias têm fim. (Santo Agostinho, *Carta* 130)

Dizia uma alma ambiciosa de Deus: felizmente, nós os homens não somos eternos! (Josemaria Escrivá, *Sulco*, n. 896).

A palavra "sempre" fará a felicidade dos eleitos; a palavra "nunca", a infelicidade dos condenados. (São João Maria Vianney, Cura d'Ars, *Annales d'Ars*, 1910, p. 311)

Mentem os homens quando dizem "para sempre" nas coisas temporais. Só é verdade, com uma verdade total, o "para sempre" da eternidade.

— E assim hás de viver tu, com uma fé que te faça sentir sabores de mel, doçuras de céu, ao pensares nessa eternidade que, essa sim, é para sempre! (Josemaria Escrivá, *Forja*, n. 999)

# A MORTE

*Pensar na morte*

É necessário pensar na morte, evitando, por outro lado, que se torne uma ideia fixa, pois pensar nela o tempo todo é doentio ou, pelo menos, negativo. Positivo é desejar a Vida Eterna como um fim que presida a toda a vida terrena. A morte será, assim, o meio de alcançarmos a verdadeira vida, para a qual fomos criados.

Qualquer pessoa que creia firmemente na vida eterna deixa de ver a morte unicamente como uma dolorosa separação entre a alma e o corpo, porque, "por trás das misteriosas portas da morte, perfila-se uma eternidade de alegria em comunhão com Deus" (João Paulo II, *ibid.*). Deste ponto de vista, que aliás é o único verdadeiro, *a vida não é tirada* pela morte, *mas transformada, e, desfeita a nossa habitação terrena, é-nos dada uma mansão eterna nos céus* (Prefácio dos defuntos I).

A primeira consequência, para quem crê e espera nesta alegria sem fim, é o desprendimento de tudo aquilo que não serve para adquiri-la. Tantos homens e mulheres afadigam-se, lutam e sofrem para obter aquelas coisas que, segundo pensam, lhes trarão a felicidade, mas, quando morrem, nada resta de tudo isso. Pura e simplesmente, correram atrás de uma miragem. Nem o dinheiro, nem a vanglória, nem o poder, nem os prazeres carnais, nenhuma dessas coisas que governam o mundo é capaz de proporcionar uma felicidade duradoura. Portanto, é preciso fazer um esforço enérgico para superar tudo isso, que, em si, para nada serve; pois, quer pensemos na morte, quer não, os anos passam e a hora do nosso fim aproxima-se.

É preciso simplificar a vida. Quando se carrega um excesso de bagagem, estraga-se a viagem: é penoso e cansativo carregar malas enormes, e a pessoa acaba por perguntar-se a si própria: "Mas por que fui trazer tantas coisas?" Ainda é tempo de nos desembaraçarmos de tudo o que é inútil, pois não é necessário ter dinheiro nem condecorações para entrar no céu. O coração puro é um coração desprendido: *Bem-aventurados os pobres em espírito, porque deles é o reino dos céus* (Mt 5, 3).

## Possíveis atitudes diante da morte

O nosso grau de amor a Deus pode medir-se pela atitude que tivermos diante da morte: podemos *temê-la*, *resignar-nos diante dela* ou *aceitá-la ativamente*.

*Temer* a morte é um sentimento natural no homem, porque morrer supõe geralmente um duro combate, uma luta da nossa natureza contra o ato que a destrói: é a *agonia*, que pode ser longa e é sempre penosa. Instintivamente, temos medo dela. Na ordem natural, pois, é impossível contemplarmos com indiferença essa catástrofe que consiste na separação dos dois elementos que compõem o nosso ser.

Se a morte destrói a ordem querida por Deus, ao decompor a criatura, por que morremos? Porque a morte é consequência do pecado. Deus disse a Adão: *Se desobedeceres e comeres desse fruto, morrerás* (cf. Gn 2, 17). Adão desobedeceu e morreu, deixando-nos a morte em herança.

Podemos perguntar também: "Então, se Adão tivesse obedecido, não morreríamos?" Com efeito, como a morte era o castigo da desobediência, o homem poderia ter-lhe escapado se tivesse observado o mandamento divino. Nesse caso, a sua imortalidade seria uma graça especial, pois o corpo humano é mortal, como todos os seres vivos materiais; o homem passaria desta vida para a vida eterna sem sofrer a dor e a angústia da morte. De qualquer modo, nas nossas condições atuais, a morte é um mal e, por isso, não é de estranhar que lhe tenhamos medo.

A morte pode ser *resignada* quando, pela força do seu caráter ou pelo raciocínio, a pessoa chega a aceitá-la sem revolta, como algo que não tem remédio, apesar de toda a repugnância que sente diante dela. Quando se está gravemente doente, e se sabe que o desenlace é inevitável, acaba-se por aceitar sem revolta o fim. Mesmo numa perspectiva meramente humana, sem referência a Deus, é-nos necessário alcançar pelo menos essa resignação humana para podermos superar o terror que a morte inspira.

Quando se avança em idade, torna-se cada vez mais necessário resignar-se com a impossibilidade de fazer aquelas coisas que se costumavam fazer. Temos de deixar nas mãos dos mais jovens as tarefas que nós próprios desempenhávamos, mesmo que eles as levem a cabo de modo diverso do nosso. Temos de resignar-nos com a decadência física, com o entorpecimento progressivo que vai tomando conta dos nossos olhos, dos ouvidos, das pernas. Temos de resignar-nos diante da doença e do sofrimento, sinais da nossa fragilidade. Temos de resignar-nos a ver o tempo passar cada vez mais depressa, e compreender que o fim se aproxima.

Poderia dizer-se que esses diversos tipos de resignação constituem uma preparação remota para a morte, uma vez que nos desprendem de muitas coisas terrenas. Mas a resignação não basta, porque essa atitude só diz respeito aos velhos e aos doentes crônicos, quando há também numerosos casos de morte súbita ou por acidente. É necessária, portanto, uma outra disposição perante a morte: a aceitação.

A *livre aceitação da morte* não é um simples sentimento, que pode ou não estar presente, mas implica a compreensão do plano de Deus, e por isso é importante para todas as pessoas. Temos de chegar a considerar a morte como o meio previsto por Deus para entrarmos na vida eterna, "o parto para a vida, que se realiza na dor".

Semelhante aceitação não deve estar mesclada de amargura, mas unir-se à atitude de Jesus que, na sua agonia no Horto das Oliveiras, dizia ao Pai: *Não se faça a minha vontade, e sim a tua* (Lc 22, 42). Os nossos sofrimentos e a nossa morte são elevados e transformados pela nossa união com Cristo, e assim a nossa aceitação tem de ser igual à do Senhor: *Pai, em tuas mãos entrego o meu espírito* (Lc 23, 46).

Com o dom da nossa vida, devemos, pois, fazer também o dom da nossa morte, persuadidos de que, tanto na vida como na morte, pertencemos ao Senhor: *Quer vivamos, quer morramos, somos do Senhor. Pois foi com este fim que Cristo morreu e ressuscitou: para ser Senhor dos mortos e dos vivos* (Rm 14, 8-9).

Acostumemo-nos a oferecer a nossa morte a Deus a partir deste mesmo instante — pois é coisa que não se improvisa —, a fim de que no último momento da nossa vida o ato de caridade nos venha aos lábios com toda a espontaneidade. O derradeiro oferecimento da nossa morte a Deus estará assim ligado a uma vida de permanente abandono e confiança na Misericórdia infinita. E teremos verdadeiramente uma morte aceita, uma *morte no Senhor*.

## A morte espiritual

Mas em que consiste *morrer no Senhor*? Antes de mais nada, em conduzir-nos de acordo com a verdade que Deus nos deu a conhecer: *Em verdade, em verdade vos digo que quem ouve a minha palavra e crê naquele que me enviou, tem a vida eterna e não incorre na sentença de condenação, mas passou da morte para a vida* (Jo 5, 24). Escutar e cumprir a palavra de Deus, fazer aquilo que Ele nos pede, implica evitar tudo o que é contrário à sua Vontade, isto é, o pecado. Por ser livre, o homem pode escolher, e de acordo com o que pensar e fizer, estará preservando a vida da graça ou pondo-a a perder. E quando se perde essa vida, é a morte espiritual: a pessoa passa a estar em estado de pecado *mortal*. Quem morre em pecado não morre *no Senhor*, pois, ao pecar, expulsou-o da sua alma.

Esta vida é, portanto, combate espiritual permanente contra a morte da alma pelo pecado; e é na arena da vida terrestre que se desenvolve este drama, cujas consequências — a vida ou a morte — são eternas. Certamente, não será necessário esclarecer que não são os pecados leves, mas os pecados graves, que provocam a morte espiritual; e para distinguir entre uns e outros, dispomos da doutrina cristã, ilustrada pelo Magistério da Igreja, e de um juiz interior, a consciência, cuja voz não devemos afogar, mas escutar.

Assim como já não se quer falar do Inferno, também não se fala mais do pecado, que é a sua causa, e consequentemente tampouco se fala da morte espiritual. No entanto, este é o grande dilema da nossa vida cotidiana: ou se está em graça ou se está em pecado; ou se está vivo ou se está morto. Aqui não há meios-termos possíveis. É assustador que se possa viver sem pensar nisso, esquecendo ou deixando de compreender que a nossa permanência nesta terra é uma prova, um combate que terminará por uma vitória ou uma derrota.*

---

(*) O valor moral de toda uma vida não depende, portanto, de um balanço entre os méritos e os deméritos, de um confronto entre os atos bons e os

## Os sacramentos e a oração

Por mais corajoso que seja o nosso empenho nesta batalha que dura a vida inteira, a nossa vontade por si só não basta para triunfar nela; felizmente, porém, contamos com Deus que, na sua misericórdia, nos presta a ajuda eficaz da sua graça. Com ela, não sucumbimos à tentação; e, se caímos, o Senhor encontra-se

---

atos maus, mas está ligado ao estado em que a alma se encontra no momento da morte. Se isto pode parecer paradoxal, recordemos que a justiça humana também é administrada analogamente: o juízo é pronunciado sobre um *ponto*, não sobre uma soma. Não esqueçamos, porém, que Deus não espera o momento da queda para apanhar o homem em falta e condená-lo: *Terei eu prazer com a morte do malvado? Não desejo, antes, que mude de proceder e viva?* (Ez 18, 23). Até o pecador mais calejado pode receber a graça de converter-se antes de morrer. Inversamente, pode acontecer a desgraça de que uma pessoa reta caia no final em alguma infidelidade grave, mas isso acontece mais raramente quando se procura manter ao longo da vida um coração humilde e se recorre com constância à oração e ao auxílio de Deus. [N. T.]

sempre disposto a perdoar, por meio do Sacramento da Reconciliação, até mesmo as faltas mais graves, se nos arrependemos delas.

Morrer em estado de graça, em paz com Deus, é morrer no Senhor. Quem se esforça por guardar a pureza da sua alma, está sempre pronto para esse encontro que é a morte. Uma reflexão deste gênero, sobre a morte espiritual, bem pode ser a ocasião de que precisemos para nos convertermos, para regressarmos a Deus, se por acaso nos afastamos dEle. Seja como for, todos nós encontraremos nela um acicate para nos enfrentarmos lealmente conosco próprios e para formularmos sérios propósitos de melhora.

A ajuda da graça chega-nos em primeiro lugar pelos Sacramentos, que nos dão ou restituem a graça, como o Batismo e a Confissão, ou a fazem crescer, como a Eucaristia. Não nos esqueçamos de que o principal alimento da vida sobrenatural em nós, o alimento por excelência, é a Comunhão. *Quem come a minha carne e bebe o meu sangue, tem a vida eterna*, diz o Senhor (Jo 6, 54). Ninguém se esquece do alimento corporal pura e simplesmente porque tem necessidade dele; da mesma forma, deveríamos ter o desejo de comungar com frequência, se possível diariamente, para manter o nosso organismo espiritual "em forma".

Além dos Sacramentos, a graça chega-nos também pela oração e pelo mérito das boas obras. Se perdemos o costume de orar, expomo-nos a cair como um inválido que tivesse esquecido as suas muletas. A oração consiste em elevarmos o coração a Deus, falando com Ele e confiando-lhe tudo o que trazemos no coração; ela é, portanto, um sinal claro de que procuramos estar na graça de Deus.

A oração mais perfeita é a Santa Missa, da qual todos os cristãos têm necessidade; prescindir dela é correr um grande risco. E devemos também perseverar no costume de rezar à Santíssima Virgem, pedindo-lhe que rogue "por nós, agora e na hora da nossa morte"; podemos ter a certeza de que Ela estará presente nesse encontro e nos dará a mão para passarmos por essa porta.

\* \* \*

Assistimos todos os dias à morte de muitos, celebramos os seus enterros e funerais, e no entanto continuamos a prometer-nos longos anos de vida. (Santo Agostinho, *Sermão* 17)

[As pessoas] temem muito a morte porque amam muito a vida deste mundo e pouco a do outro. Mas a alma que ama a Deus vive mais na outra vida do que nesta, porque a alma vive mais onde ama do que onde anima. (São João da Cruz, *Cântico espiritual*, 11, 10)

Não tenhas medo da morte. — Aceita-a desde agora, generosamente..., quando Deus quiser..., como Deus quiser..., onde Deus quiser. Não duvides; virá no tempo, no lugar e do modo que mais convier..., enviada por teu Pai-Deus. — Bem-vinda seja a nossa irmã, a morte! (Josemaria Escrivá, *Caminho*, n. 739)

Não tem grande importância escapar à morte, pois é por pouco tempo, e depois é preciso morrer; mas é coisa grande escapar definitivamente à morte, como acontece conosco, por quem *Cristo, nossa Páscoa, foi imolado*. (Orígenes, *Hom. para o tempo pascal*)

Que grande dignidade e segurança sair contente deste mundo, sair glorioso em meio à aflição e à angústia, fechar por um momento estes olhos com que vemos os homens e o mundo, para em seguida voltar a abri-los e contemplar a Deus! (São Cipriano, *Trat. a Fortunato*, 13)

[...] Quando vier a morte, que virá inexoravelmente, esperá-la-emos com júbilo, como tenho visto que o souberam fazer tantas pessoas santas no meio da sua existência diária. Com alegria, porque, se imitarmos Cristo em fazer o bem — em obedecer e levar a Cruz, apesar das nossas misérias —, ressuscitaremos como Cristo: *Surrexit Dominus vere!* (Lc 24, 34), que ressuscitou realmente. (Josemaria Escrivá, *É Cristo que passa*, n. 21)

Doutor em Direito e em Filosofia, preparava um concurso para professor catedrático na Universidade de Madri. Duas carreiras brilhantes, feitas com brilhantismo.

Mandou-me avisar: estava doente, e desejava que eu fosse visitá-lo. Cheguei à pensão onde estava hospedado. — "Padre, estou morrendo", foi a sua saudação. Animei-o, com carinho. Quis fazer uma confissão geral. Naquela noite faleceu.

Um arquiteto e um médico me ajudaram a amortalhá-lo. — E, à vista daquele corpo jovem, que rapidamente começou a decompor-se..., estivemos de acordo os três em que as duas carreiras universitárias não valiam nada, comparadas com a carreira definitiva que, como bom cristão, acabava de coroar. (Josemaria Escrivá, *Sulco*, n. 877)

Somente a virtude acompanha os defuntos; unicamente a caridade os segue. (Santo Ambrósio, in *Catena Aurea*, vol. VI, p. 86)

Não temas a morte. É tua amiga!

— Procura acostumar-te a essa realidade, assomando com frequência à tua sepultura. E ali, olha, cheira e apalpa o teu cadáver apodrecido, defunto há oito dias.

— Lembra-te disto, especialmente, quando te perturbar o ímpeto da tua carne. (Josemaria Escrivá, *Forja*, n. 1035)

Não faças da morte uma tragédia!, porque não o é. Só aos filhos desamorados é que não entusiasma o encontro com seus pais. (Josemaria Escrivá, *Sulco*, n. 885)

Morrer?... Que comodismo!, repito.

— Diz como aquele santo bispo, ancião e doente: "Non recuso laborem": Senhor, enquanto puder ser-te útil, não me recuso a viver e a trabalhar por Ti. (Josemaria Escrivá, *Forja*, n. 1040)

# O JUÍZO

*A justiça divina*

A misericórdia de Deus é infinita. O Amor com que Deus se inclina, cheio de piedade, sobre a nossa miséria, e nos perdoa, não tem limites. Podermos estar seguros de que Deus é infinitamente misericordioso tem de ser, para nós, uma fonte de esperança e de confiança total. São Paulo chega mesmo a dizer-nos que o Senhor é *Pai das misericórdias e Deus de toda a consolação* (2 Cor 1, 3).

No entanto, a misericórdia não suprime a justiça; ambas são inseparáveis em Deus. Se é verdade que a misericórdia divina suaviza a sua infinita justiça, não o é menos que Deus não pode ser complacente com o mal; com toda a justiça, tem de dar a cada um o que lhe é devido: ou a recompensa ou o castigo. É, pois, necessário crer que prestaremos contas à justiça divina no final da nossa vida. Ninguém pode fugir a esse juízo, que decidirá, com justiça e misericórdia, o que cada um tiver merecido para toda a eternidade. E convém refletir nisto enquanto dispomos de tempo para fazê-lo.

## Os dois Juízos

O Santo Padre, ao falar do Juízo no documento acima citado, aponta a distinção tradicional entre o Juízo universal e o Juízo particular.

O *Juízo universal* terá lugar no fim dos tempos — por isso também é chamado Juízo final —, quando Cristo voltar na sua glória triunfal de Rei do universo. Trata-se de um artigo de fé: Cristo *subiu aos céus, onde está sentado à direita do Pai. E de novo há de vir, em sua glória, para julgar os vivos e os mortos*, rezamos no Credo.

Não saberíamos imaginar como se dará este Juízo, mas devemos crer nele e esperar o retorno de Cristo Vencedor, que será a ocasião da sua vitória definitiva sobre o demônio, o pecado e a morte. Todos aqueles que, pela sua crueldade, tiverem feito sofrer os outros, todos os que tiverem sobressaltado e feito tremer o mundo pela sua sangrenta dominação ou pelos seus crimes, todos os que tiverem perseguido a Verdade e o Bem ao longo dos séculos serão punidos. *Por mais que os ímpios cresçam como a erva, e floresçam os malfeitores, é para desaparecerem para todo o sempre*, ao passo que o reino de Cristo não terá fim. O Juízo final será o triunfo definitivo do amor sobre o ódio.

O *Juízo particular* dá-se, para cada alma, imediatamente após a morte. Podemos muito bem esperar que, sendo infinita a misericórdia de Deus, Ele conceda a sua graça até o último instante da vida humana, a fim de dar à alma a possibilidade de fazer um ato final de caridade e contrição. Mesmo um pecador que faça esse ato, nessa derradeira oportunidade, ainda poderá salvar-se, e o homem justo aumentará a sua recompensa. Depois, porém, tudo terminou; já não há arrependimento nem mérito: no momento da morte, a alma imobiliza-se no seu destino.

E que sabemos nós a respeito deste Juízo?

## O Juízo particular

O *Juiz* é Deus. Ninguém tem dúvidas acerca deste ponto. Deve-se apenas esclarecer que *o Pai a ninguém julga, mas deu ao Filho todo o poder de julgar* (Jo 5, 22), porque o Filho de Deus é também Filho do Homem, e porque a fé em Cristo é a regra pela qual se realizará esse Juízo: *Tanto amou Deus o mundo, que lhe deu o seu Filho Unigênito, para que todo aquele que nele crê não pereça, mas tenha a vida eterna* (Jo 3, 16). Quem crê em Cristo, Filho de Deus, e aceita os seus ensinamentos, esforçando-se por praticá-los durante a vida e lutando por ser fiel, não corre o risco de condenar-se. É uma delicadeza de Deus Pai dar-nos como Juiz o próprio Jesus, que é Homem e conhece a nossa fraqueza.

A *matéria* desse Juízo serão as nossas ações, as nossas obras, na medida em que as ações humanas são resultado do que pensamos e queremos. *Vós dais a cada um segundo as suas obras* (Sl 61, 13). Os nossos atos são bons ou maus, nunca indiferentes, isto é, nunca destituídos de valor moral. Ou se faz o bem ou se faz o mal. Dizer: "Nunca fiz nada de mau", ou: "Não mato nem roubo", constitui sem dúvida uma tentativa de nos tranquilizarmos, mas a desculpa é demasiado esfarrapada, porque ninguém é capaz de fazer unicamente atos bons. Por acaso não existem os pecados de omissão? Não assistir à Missa em dia santo sem motivo justificado, por exemplo, é uma falta grave. Por conseguinte, dizer-se "católico não-praticante" equivale na verdade a confessar que se está em estado de pecado, e será necessário prestar contas disso no dia do Juízo.

O Juízo versará também sobre o modo como se correspondeu às graças recebidas de Deus, e como se utilizaram os seus dons para amar o Senhor e fazer bem ao próximo. Cristo disse-o claramente na parábola dos talentos: os que fizeram frutificar a soma recebida foram recompensados, e o que nada fez com o dinheiro foi castigado: *A esse servo inútil, lançai-o nas trevas exteriores; ali haverá pranto e ranger de dentes* (cf. Mt 25, 14-30).

A nós, também nos serão pedidas contas do que tivermos feito com os dons divinos. E o que é que Deus nos deu? Ora, absolutamente tudo: a vida natural e a vida sobrenatural pelo Batismo, e tudo aquilo que elas implicam. O tempo da nossa vida, as qualidades pessoais, as próprias coisas materiais e até o dinheiro de que necessitamos são dons de Deus.

A *forma* como terá lugar o Juízo encontra-se descrita no Evangelho a propósito do Juízo universal (cf. Mt 25, 31-46), mas nada se diz ali a respeito do Juízo particular. No entanto, os teólogos, partindo do que sabemos sobre a natureza da alma e sobre o seu estado quando se encontra separada do corpo, descrevem com precisão a única forma em que se pode levar a cabo. Cada alma adquire naquele momento, inesperadamente iluminada pela imensa luz de Deus, a consciência nítida e clara de tudo o que fez de bom e de mau na vida. E como esse conhecimento procede de Deus, está livre de erro e de qualquer esquecimento; a sua evidência impõe-se por si.

Pode-se dizer, pois, que a alma *se julga a si mesma*, sem poder alegar circunstâncias atenuantes, pois enxerga à luz da eterna Verdade todo o mal que cometeu e o bem que deixou de fazer, entristecendo-se com ele, mas também todo o bem que realizou, maravilhando-se com ele. E não é nada estranho que nos maravilhemos com o bem que deriva das nossas ações: na maior parte das vezes, não percebemos todo o bem que fazemos, por exemplo na ordem da caridade, e por isso os eleitos terão uma grande alegria ao verificar que foram instrumentos de Deus.

Uma vez que esse veredito da alma sobre si mesma é evidente, não há necessidade de nenhuma espera, nem a possibilidade de nenhum recurso. A execução do Juízo é, portanto, instantânea: uns entram no gozo do Paraíso ou na purificação transitória do Purgatório, à espera do Céu, e outros no sofrimento, para sempre. Jesus disse ao bom ladrão: *Hoje estarás comigo no Paraíso* (Lc 23, 43).

Não haverá também por que ter pena dos que se perdem, pois receberam nesta vida — na medida adequada para eles — graça suficiente para se salvarem: foram eles próprios que rejeitaram a misericórdia de Deus, que não lhes faltou. Todos os homens podem salvar-se, porque Cristo morreu por todos, e Deus não pratica nenhum tipo de segregação. Os que forem condenados, sê-lo-ão de acordo com toda a justiça: serão eles que o terão querido até o fim, porque não pode haver qualquer assomo de injustiça em Deus. É preciso ter isto sempre presente, sem tentar atenuar o rigor da justiça divina por uma espécie de falsa misericórdia: não haverá nenhuma "anistia final", porque toda a "anistia" já foi incansavelmente oferecida por Deus na vida terrena.

## Meditar sobre o Juízo

Ainda que nos cause medo, o pensamento de um Juízo sem apelação possível é-nos imensamente útil, pois nos obriga a avaliar objetivamente as nossas ações. Quando a consciência nos faz compreender que determinado ato é mau, que se trata de um pecado, o "advogado do diabo" que trazemos dentro de nós sugere-nos atenuantes para diminuir a nossa culpa. Esta foi, desde o princípio, a tática do demônio, que disse a Eva: *Oh, não! Se comerdes desse fruto, não morrereis* (cf. Gn 3, 4). É nessas ocasiões que se deve pensar no Juízo de Deus, sem procurar desculpas; o que, pelo contrário, se deve procurar é o perdão de Deus por meio do sacramento da Penitência — da Confissão —, se por acaso pecou. Se Judas tivesse pedido perdão...

A Igreja faz-nos dizer à Santíssima Virgem Maria: "Eia, pois, Advogada nossa, esses vossos olhos misericordiosos a nós

volvei, e depois deste desterro, mostrai-
-nos Jesus". Ora, só se precisa de um advogado quando se infringe a justiça; e Nossa
Senhora será esse advogado, se recorrer-
mos a Ela com confiança.

\* \* \*

Tal como nos teatros, quando tudo
acaba e os que representam saem e tiram
os trajes, e os que antes pareciam reis ou
pretores se apresentam agora tal como são,
com todas as suas misérias, assim também,
quando vier a morte e chegar ao fim o espe-
táculo desta vida, poder-se-á julgar unicamente pelas obras quem de verdade é rico
e quem é pobre, quem é digno e quem é
indigno da glória. (São João Crisóstomo, in
*Catena Aurea*, vol. VI, p. 249)

Para cada um de nós há de chegar esse
momento terrível em que compareceremos
perante o dono da vinha para responder
pelas obras que tivermos realizado na
terra, boas ou más. Queridos irmãos, tereis
de passar por isso. Cada um há de sofrer

o seu juízo particular, e será o momento mais silencioso e terrível que jamais tereis podido experimentar. Será o tremendo instante da expectativa, em que o vosso destino eterno estará na balança e estareis a ponto de ser enviados para a companhia dos santos ou para a dos demônios, sem que haja possibilidade de mudança. Não pode haver mudança; é impossível voltar atrás (São John Henry Newman, *Sermão para o Domingo da Septuagésima: o Juízo*).

Vede como pesa tudo o que fazeis a cada dia; quer queirais, quer não, cada vez mais vos aproximais do Juízo; o tempo não perdoa. Por que, pois, amar o que se há de abandonar? Por que não fazer caso do fim ao qual se há de chegar? (São Gregório Magno, *Hom. 15 sobre os Evangelhos*).

Quando o Juiz vier, exigirá de cada um de nós tanto quanto nos deu (São Gregório Magno, *Hom. 9 sobre os Evangelhos*).

Virão prestar declaração umas testemunhas infalíveis, a saber, as próprias consciências dos homens (São Tomás de Aquino, *Exp. sobre o credo*).

Agora, enquanto te dedicas ao mal, chegas a considerar-te bom, porque não te dás ao trabalho de olhar-te. Repreendes os outros e não reparas em ti próprio. Acusas os outros e a ti não te examinas. Pões os outros diante dos teus olhos, e voltas as costas a ti mesmo. Pois quando chegar a minha vez de arguir-te, diz o Senhor, farei exatamente o contrário: virar-te-ei e pôr-te-ei diante de ti mesmo. E então tu te verás e chorarás. (Santo Agostinho, *Sermão 17*, 5)

Meu amigo, pega em tuas mãos o livro da tua vida e folheia-o todos os dias, para que a sua leitura não te venha a surpreender no dia do juízo particular, nem te envergonhes da sua publicação no dia do juízo universal. (S. Canals, *Reflexões espirituais*, p. 94)

Para os laboriosos e dispostos a fazer o bem, que não estão sentados nem ociosos sobre a terra, mas se erguem imediatamente quando lhes dizem: *Levanta-te e anda*, porque a terra não é o teu lugar de descanso, para esses, aquele dia não será um dia de laço nem de perigo, mas um dia de triunfo. (Teófilo, in *Catena Aurea*, vol. VI, p. 421)

Tema morrer quem não está assinalado pela Cruz e pela paixão de Cristo. Tema a morte quem será atormentado pelos sofrimentos e chamas eternas ao sair deste mundo. Tema morrer aquele a quem se prolonga o tempo para diferir um pouco os seus suplícios e dores. (São Cipriano, *Sobre a mortalidade*, 14)

Será que não brilha na tua alma o desejo de que teu Pai-Deus fique contente quando tiver que julgar-te? (Josemaria Escrivá, *Caminho*, n. 746)

Ao entardecer, examinar-te-ão sobre o amor. (São João da Cruz, *Avisos e sentenças*, n. 57)

# O INFERNO

*O Inferno existe*

A palavra "inferno" designa no Novo Testamento o lugar de sofrimento para os réprobos, descrito frequentemente com expressões como *fornalha de fogo*, *fogo eterno*, *trevas exteriores*, lugar onde o verme não morre, lugar de tormentos ou de perdição.* O Evangelho chama-lhe

---

(*) No Antigo Testamento, essa mesma palavra designa a morada dos mortos, mesmo dos justos que estão à espera do Redentor, e aparece no plural. Também a versão latina do Credo Apostólico afirma que Jesus *desceu aos infernos*, e não *ao inferno*, e nós dizemos hoje ao recitá-lo: "desceu à mansão dos mortos". É preciso compreender esta expressão, que não é usada em sentido literal, mas é uma imagem: não é que as almas dos justos estivessem trancafiadas nalguma masmorra subterrânea, à qual

*gehenna*, nome de uma ravina situada a sudoeste de Jerusalém, considerada um lugar impuro porque lá os judeus tinham imolado os seus filhos ao falso deus Moloc. Nos tempos de Cristo, era o monturo onde se lançava e se queimava o lixo da cidade, uma vala fervilhante de vermes em que ardiam continuamente fogueiras; é a "geena do fogo".

A existência do Inferno é, pois, uma verdade de fé. O Concílio Vaticano II enfatiza que, no Evangelho, Cristo nos ensina que o servo mau será lançado às trevas e ao fogo eterno, *onde haverá pranto e ranger de dentes.* Estas expressões não se destinam a incutir medo nas pessoas, mas pura e simplesmente a afirmar a existência

---

Jesus teria descido a fim de lhes abrir a porta. Uma vez consumada a Redenção, Jesus manifestou-se às almas santas como vencedor e, já que havia pago o resgate com o seu Sangue, introduziu-as na posse da vida bem-aventurada em Deus, da visão beatífica.

do Inferno. Com efeito, se se nega o Inferno, de que fala a Escritura, não há a menor razão para se crer no Céu, de que a Escritura fala igualmente. Na parábola do rico avarento (cf. Lc 16, 19-31), o pobre vai para o Céu e o homem sem coração para o lugar do sofrimento: não poderia ser mais claro. E também no relato do Juízo final vemos os *benditos* que vão para o Céu e os *malditos* que vão para o suplício eterno (cf. Mt 25, 31-46).

Sabemos, portanto, de maneira indiscutível, que Deus recompensa o bem e castiga o mal de um modo definitivo na vida futura. Há homens condenados, tal como há anjos réprobos.

Jesus adverte-nos claramente do perigo da reprovação: *Se o teu olho te escandaliza, arranca-o e lança-o para longe de ti. Melhor te é entrares na vida com um só olho, do que, tendo dois, seres lançado no fogo da geena* (Mt 18, 9). E São Paulo indica como será esse castigo: Jesus aparecerá *para fazer justiça àqueles que não conheceram a Deus e não obedeceram ao Evangelho [...]. Esses tais serão punidos com a perdição eterna, longe da face do Senhor e da glória do seu poder* (2 Ts 1, 8-9).

Podemos resumir assim a doutrina católica definida por diversos Concílios:

1. Os demônios e os homens mortos em estado de pecado sofrem, no Inferno, penas muito graves.

2. O Inferno é eterno. Algumas vezes, a palavra "eterno" pode ser tomada como sinônimo de grande duração, mas neste caso é necessário tomá-la literalmente no sentido de *eternidade* sem fim.

3. Para quem se encontra em estado de pecado mortal, o Inferno começa imediatamente após a morte.

4. Os condenados sofrem no Inferno uma dupla pena: a *pena de dano*, isto é, a privação do conhecimento direto de Deus, a separação definitiva dEle — *Apartai-vos*

*de mim, obreiros da iniquidade* (Mt 25, 41), *Não vos conheço* (Mt 25, 12) —, e a *pena de sentido*, figurada em expressões como "fornalha ardente", "sede devoradora"..., que podem ser tomadas como metáforas. O fogo do Inferno é *real*, mas não se assemelha ao fogo que conhecemos, incapaz de exercer qualquer ação sobre um espírito, sobre a alma. Significa, pois, um queimor interior muito grande, semelhante ao sofrimento que experimentamos pelo remorso ou pelo desespero. Para falar da dor que a alma sofre no Inferno, temos de empregar imagens terrenas, tal como fazemos para descrever de algum modo a felicidade do Céu.

Há, portanto, a pena da privação de Deus e a pena causada pelo desespero que a alma experimenta por se ter afastado dEle e ter praticado o mal; tal como no caso dos demônios, pelo fato de o condenado já não poder amar a Deus, o seu amor transforma-se em *ódio* contra Deus, contra si mesmo e contra todos.

*Mas será realmente eterno?*

Não será que, depois de um certo tempo, a misericórdia de Deus intervém em favor dos condenados?

Antes de mais nada, é preciso deixar claro que não existe tempo depois da morte. Uma vez que o Inferno existe e é eterno — verdade de fé —, isso significa que não se pode falar de uma "limitação" da pena dos condenados, pois nesse caso deixaria de ser eterna. A condenação, tal como a vida bem-aventurada, não terá fim.

Objetar-se-á que as penas eternas do Inferno não condizem com a justiça e a bondade de Deus, pois não é justo castigar eternamente a transgressão de um instante. Podemos responder a esta objeção dizendo que a pena eterna — o castigo de um pecado mortal não perdoado durante a vida — é absolutamente justa, porque o pecado grave estabelece uma ruptura entre o homem livre e Deus: é o homem quem se separa do seu Senhor. Essa pessoa encontra-se num *estado* de aversão a Deus que só pode ser abolido por uma decisão livre dela mesma, pela conversão e pelo sacramento da Penitência, coisa impossível após a morte. O que não seria justo é que se concedesse a salvação tanto aos que viveram no ódio contra Deus como aos que o serviram, sincera e amorosamente, de acordo com o que a sua consciência devidamente esclarecida e formada lhes ditava.

É sobretudo a bondade e a misericórdia de Deus o que se costuma esgrimir contra a ideia da pena eterna dos condenados. Pensa-se que, sendo Ele infinitamente misericordioso, perdoará tudo a partir do momento em que a sua justiça tenha sido satisfeita. Na verdade,

Deus manifesta ordenadamente tanto a sua justiça como a sua bondade — a sua justiça, ao castigar; a sua bondade, ao conceder ao pecador a possibilidade de arrepender-se neste mundo. Com efeito, é importante que não esqueçamos até que ponto chegam a misericórdia e a graça de Deus quando se trata de socorrer a nossa fraqueza. E lembremo-nos de que a Igreja nos oferece os Sacramentos em nome de Deus, para nos perdoar mediante a Penitência e para nos dar a própria vida divina mediante a Eucaristia.

O pecado consiste precisamente em desdenhar esse amor misericordioso de Deus, e em viver de costas para Ele, sem ter em conta a sua vontade, como se simplesmente não existisse. *Quem não está comigo está contra mim* (Mt 12, 30). O condenado é, pois, alguém que recusa o amor e a misericórdia de Deus.

Esvaziar o Inferno em nome da misericórdia não seria, portanto, uma medida de clemência nem uma prova de bondade, mas uma capitulação da justiça. Uma "anistia geral" seria o reconhecimento da equivalência entre o bem e o mal, entre o vício e a virtude, isto é, um absurdo inconciliável com a Sabedoria divina. Deve-se sublinhar, portanto, que haverá condenados no Inferno por toda a eternidade. A nossa vida na terra é um tempo de prova durante o qual escolhemos livremente a vida definitiva e os meios para alcançá-la. Não é senão lógico que quem pratica o mal recolha o que semeou.

Por outro lado, como a misericórdia de Deus intervém ao longo de toda a vida e até o último instante, podemos esperar que o número de condenados seja pequeno, pois cada pessoa que se condena frustra de certa forma a misericórdia divina.

Todos nós corremos o risco de cair no Inferno? Quem o merece realmente? Não serão apenas os assassinos, os torturadores, os bandidos, enfim, somente determinada categoria excepcional de facínoras? Quem povoa desta forma o Inferno no fundo só o faz para não ter de refletir sobre a sua própria conduta: como não pertence a esses meios, acha que não corre nenhum risco.

Na verdade, ninguém pode ter a certeza absoluta de salvar-se, embora se possa considerar provável e se deva esperar a própria salvação. Por outro lado, não há dúvida de que, enquanto estivermos na terra, seremos fracos, e não faltam exemplos de pessoas que, tendo começado por levar uma vida boa e virtuosa, acabaram mais tarde por cair muito baixo. Com relação aos outros, mesmo que se trate de casos extremos, não temos nunca o direito de classificar ninguém entre os réprobos, pois a misericórdia de Deus é capaz de salvar até o maior dos pecadores.

## O temor do Inferno

Convém que sintamos um saudável temor em relação à justiça divina, pura e simplesmente por sermos fracos. Seria uma presunção julgarmo-nos dispensados de prestar contas a Deus. A consideração da justiça de Deus não é apenas um meio para trazer de volta à retidão moral aqueles que dela se afastaram. Nós, cristãos, pertencemos a Cristo, é bem verdade; mas também Judas pertencia ao círculo íntimo do Senhor, e o traiu; e Pedro, seu amigo, o negou. Ora, Pedro era sincero quando se dizia disposto a morrer por Ele.

Mesmo que não cheguemos a negar as nossas faltas, a verdade é que sempre tendemos a exagerar as nossas forças e capacidades. É muito frequente que nos enganemos quando tentamos julgar-nos a nós próprios: desculpamo-nos, justificamo-nos, esquecendo que *quem nos julga é o Senhor* (cf. 1 Cor 4, 4). Via de regra, só busca desculpas quem sente que a consciência o acusa. Muito melhor seria reconhecer-se culpado e pedir perdão a Deus.

Tudo isto significa, no fim das contas, que o temor do Inferno nos recorda a todos que é necessário — mais ainda, indispensável — procurarmos uma *verdadeira* delicadeza de consciência. É impossível justificar determinadas indelicadezas que são incompatíveis com a presença de Deus em nós. É justamente o princípio da autojustificação, ou seja, essa atitude de não querer reconhecer, com toda a humildade, que se agiu mal diante de Deus, o que conduz uma pessoa ao Inferno, pois esse princípio não passa de puro orgulho.

Há caminhos que parecem retos aos homens, mas que na verdade conduzem ao Inferno. Não porque derivem de um erro involuntário, mas porque não passam de autoilusões culpáveis geradas pelo orgulho: "Ora, quanto a mim, *no meu caso*, acho que não há nada de errado em fazer isto ou aquilo". Baseada nessa impressão infundada, a pessoa julga-se no direito de corrigir as decisões e leis disciplinares da Igreja, de desobedecer às leis morais, e decreta que a Igreja "deveria adaptar--se à evolução dos costumes modernos"..., especialmente no que têm de errado. Ora bem, se há algum princípio evidente, é o princípio de que a lei moral não é subjetiva, mas objetiva. Mesmo que eu pense que, *no meu caso*, seria preferível dirigir pela pista da esquerda, devo andar pela direita, porque essa é a lei; se desobedecer a ela, ponho-me a mim mesmo em perigo, ponho em perigo os outros, e mereço um castigo. Fechar voluntariamente os olhos diante de uma lei de Deus, de uma lei que, portanto, não está sujeita a erro, é certamente enveredar por um caminho direto para o Inferno.

É verdade que, no início do século, uns resquícios da heresia do jansenismo ameaçavam sem cessar o cristão com o Inferno. O ambiente religioso tendia à tristeza e ao rigorismo: "Quem faz isto ou aquilo vai para o Inferno", era a pauta. Em contrapartida, hoje caímos no extremo oposto: já ninguém fala do Inferno, o que é uma deformação pelo menos tão grave como a anterior, pois a perspectiva de um possível castigo, além de ser absolutamente verdadeira, ajuda-nos a evitar os atos que nos levariam a sofrê-lo. Na estrada, quando lá no fim de uma reta se avista o posto da polícia rodoviária, todos reduzem a velocidade e já ninguém ultrapassa o outro na faixa contínua... Ora, o mesmo se aplica à ordem espiritual: o temor ao Inferno refreia a inclinação para o mal em quem sofre alguma tentação e ainda não tem a motivação do amor, e abre os olhos aos iludidos, pois mesmo quem se engana a si próprio sabe no fundo do seu coração que continua a ser plenamente responsável pelos seus atos.

## O amor lança fora o temor

São João diz-nos que *a caridade perfeita lança fora o temor* (1 Jo 4, 18), o temor do castigo, isto é, o temor do Inferno. Não se refere ao temor de Deus, de que também fala a Bíblia, e que é uma virtude, pois quem teme a Deus é justo.

Importa, portanto, distinguirmos duas espécies de temor: o temor *servil*, o do escravo que teme ser castigado se não levar a cabo a tarefa que lhe foi imposta, e o temor *filial*, o do filho que tem medo de desgostar o seu pai. Quando se ama, procura-se evitar tudo aquilo que poderia ofender a pessoa amada. O escravo cumpre a sua tarefa por medo, o filho cumpre-a por amor. O temor filial, que é amor, destrói o temor servil. Quando se cumprem os deveres próprios por amor a Deus, o temor do Inferno desaparece.

Amar a Deus significa, muito simplesmente, querer o que Ele quer. Agir por amor a Deus não constitui nenhuma graça mística nem consiste em pensar expressamente em Deus a cada instante. É procurar cumprir a vontade de Deus, realizando com amor e perfeição os deveres de cada dia, vencendo o egoísmo, amando e servindo o próximo. E é aceitar, com a cabeça e com o coração, tudo o que nos acontece, com todas as consequências que daí derivam, como coisas provenientes de Deus, do Amor que só quer o nosso bem. Infelizmente, nem todos se esforçam por chegar efetivamente à perfeição do amor; por isso, o temor do Inferno pode ser suficiente para que, com a ajuda dos Sacramentos, uma pessoa se salve.

O medo da morte e do Inferno são atitudes negativas; a sua contrapartida positiva é a esperança na vida eterna. E como consegui-la? Cristo responde-nos no Evangelho: *Em verdade, em verdade vos digo: quem crê em mim tem a vida eterna* (cf. Jo 3, 36; 6, 47). Ele mesmo é a fonte da misericórdia, dessa misericórdia que nos é indispensável para obtermos a vida eterna, pois o Filho do homem veio para *que tenham vida, e a tenham em abundância* (Jo 10, 10).

\* \* \*

Fez-se digno da pena eterna o homem que aniquilou em si o bem que poderia ter sido eterno. (Santo Agostinho, *A Cidade de Deus*, 11)

Estando um dia em oração, achei-me de repente, sem saber como, e segundo me parece, toda metida no inferno. Entendi que o Senhor queria que visse o lugar que os demônios lá me tinham preparado, e eu merecido, por meus pecados. Foi de brevíssima duração, mas, embora eu vivesse muitos anos, parece-me impossível esquecê-lo. Parecia-me a entrada à maneira de um beco muito comprido e estreito, semelhante a um forno muito baixo, escuro e apertado. O chão pareceu-me duma água com lodo muito sujo e de cheiro pestilencial e cheio de muitas sevandijas peçonhentas. [...] Senti um grande fogo na alma que eu não chego a entender como poder dizer de que maneira é. As dores corporais são tão incomportáveis que, apesar de eu as ter passado nesta vida gravíssimas, tudo é nada em comparação com o que ali senti.

E, segundo dizem os médicos, tive as maiores que aqui se podem passar. Foi encolherem-se-me todos os nervos quando fiquei tolhida, além de outras muitas e de muitas maneiras, e até algumas, como tenho dito, causadas pelo demônio. Pois tudo isso é nada em comparação com o que ali senti e vi que havia de ser sem fim e sem jamais cessar. E o agonizar da alma: um aperto, uma sufocação, uma aflição tão sensíveis e com um tão desesperado e aflitivo descontentamento, que eu não sei explicar. Porque dizer que é um estar sempre arrancando-se a alma é pouco, pois que então ainda parece que outro vos acaba com a vida; mas aqui é a própria alma que se despedaça.

O caso é que eu não sei como encarecer aquele fogo interior e aquela desesperação sobrepostos a tão gravíssimos tormentos e dores. Não via eu quem mos dava, mas sentia-me queimar e retalhar, ao que me parece; e digo que aquele fogo e desesperação interior é o pior [...]. Foi uma das maiores mercês que o Senhor me fez, porque muito me aproveitou, tanto para perder o medo às tribulações e contradições desta vida como para esforçar-me por padecê-las e por dar graças ao Senhor que me livrou, ao que me parece, de tão perpétuos e terríveis males. (Santa Teresa, *Vida*, 32, 1-4)

A pena [sensível] do inferno é insuportável, é verdade; mas se alguém fosse capaz de imaginar dez mil infernos, nada seria o sofrimento em comparação com a pena que produz ter perdido o céu e ter sido rejeitado por Cristo. (São Francisco de Sales, *Introdução à vida devota*, I, 15)

Somente o inferno é castigo do pecado. A morte e o juízo não passam de consequências, que aqueles que vivem na graça de Deus não temem. (Josemaria Escrivá, *Sulco*, n. 890)

Se fosse somente a Justiça que tivesse cavado o abismo, ainda haveria remédio; mas foi o Amor quem o cavou, e é isto o que tira toda a esperança. Quando se

77

é condenado pela Justiça, pode-se recorrer ao Amor; mas quando se é condenado pelo Amor, a quem recorrer? Esta é a sorte dos condenados. (Lacordaire, *Conferências de Nossa Senhora*, 72)

Se eu amo, para mim não haverá inferno. (Josemaria Escrivá, *Sulco*, n. 1047)

# O PURGATÓRIO

*Que é o Purgatório*

Alguns textos da Sagrada Escritura fazem alusão ao Purgatório. Conta, por exemplo, o segundo livro dos Macabeus (2 Mac 12, 42-46) que os judeus oravam pelos mortos em combate, oferecendo *sacrifícios expiatórios pelos mortos para que fossem absolvidos dos seus pecados*. É uma alusão clara à necessidade de uma "expiação dos pecados" após a morte, ideia central da fé no Purgatório. Neste sentido, Cristo fala do pecado que, pela sua gravidade, *não será perdoado neste mundo nem no vindouro* (Mt 12, 32), aludindo claramente à possibilidade de purificação de outros pecados após a morte. Além disso, a existência do Purgatório é explicitamente confirmada pelo testemunho da Tradição e do Magistério da Igreja. A questão do Purgatório reveste-se de especial interesse para nós porque, se temos o direito de esperar não ir para o Inferno, é no entanto bastante provável que tenhamos de passar pelo Purgatório; daí a importância de sabermos bem de que se trata.

O Purgatório é o estado das almas justas que, protelando-se-lhes a visão de Deus e mediante uma *pena de sentido*, cumprem a purificação que lhes faltou nesta terra para expiarem plenamente os seus pecados já perdoados. Ali as almas acabam de expiar as suas faltas.

A doutrina católica acerca do Purgatório precisa que:

1. As almas do Purgatório têm a certeza de estarem salvas.

2. Não podem merecer para si mesmas.

**3.** Sofrem da privação de Deus, mas têm a esperança.

## A satisfação

Não há dúvida de que os pecados são totalmente remidos e apagados pelo sacramento da Penitência, mas a pena merecida pelo pecado exige, em justiça, uma reparação, uma expiação, que se chama *satisfação*. Deus foi ofendido e perdoou-nos, mas, por um dever de justiça, é necessário repararmos de um modo real as ofensas que lhe fizemos: não basta um simples desgosto sentimental.

Na ordem material, quando alguém pratica um roubo, deve restituir integralmente, antes ou depois de ter sido perdoado, aquilo que roubou. Se difamou outra pessoa, também deve reparar o prejuízo causado. Porém, quando se trata de uma ofensa feita a Deus, como a gravidade da ofensa é proporcional à dignidade do ofendido, não pode existir uma reparação equivalente. Por isso, a satisfação imposta pelo confessor a quem peca é quase sempre insuficiente.

Ora bem, que se passa conosco? Cumprimos a penitência, mas não voltamos a pensar em expiar as faltas perdoadas. No entanto, ao fazermos o ato de contrição, tínhamos dito expressamente não só que evitaríamos posteriores ocasiões de pecado, mas que tínhamos também o propósito de fazer penitência.

Enquanto nos encontramos nesta terra, podemos satisfazer pelas nossas ofensas, começar a pagar as nossas dívidas, por assim dizer começar a cumprir uma parte do Purgatório que nos toca. Conhecemos bem os meios que temos à nossa disposição: a oração, a mortificação, o dever cumprido com amor e perfeição, a aceitação da dor, a esmola e as outras obras de misericórdia, sempre que as pratiquemos com espírito de expiação. Tudo isto, associado aos sofrimentos de Cristo, tem um preço incalculável. E o que possa restar da nossa dívida à hora da morte deverá ser expiado no Purgatório.*

## A purificação

Como o nome indica, o Purgatório é um *estado de purificação*. Não se trata de um castigo; na verdade, é a própria alma que deseja purificar-se, da mesma forma que deseja o perdão após o pecado. É preciso, portanto, descartar a ideia de que o Purgatório é um tempo de sofrimento imposto, e evitar falar tanto de *lugar* como de *duração*. Como se trata unicamente de almas — o corpo morreu —, essa purificação é espiritual e mística.

---

(*) A ideia espírita de que a purificação seria realizada por meio de sucessivas reencarnações é uma heresia contrária à fé católica e incompatível com ela. *Está decretado*, diz a Bíblia, *que o homem morra uma só vez, e depois disto virá o julgamento* (Hb 9, 27). Cf. Boaventura Kloppenburg, *Espiritismo e fé*, 3ª ed., Quadrante, São Paulo, 2018. [N. T.]

Os mestres da vida espiritual falam dos sofrimentos purificadores pelos quais as almas que seguem o caminho da santidade devem passar aqui na terra para chegarem a uma maior pureza de coração e, portanto, a uma maior união com Deus já nesta vida. O princípio, no caso do Purgatório, é o mesmo: a alma purifica-se pelo sofrimento, que consiste, sobretudo, na privação de Deus.

Mas esta privação — tanto para as almas do Purgatório como para os místicos — é muito diferente da privação irremissível do Inferno. As almas do Purgatório têm a esperança e a caridade, o amor; o seu sofrimento é como o de uma pessoa que estivesse temporariamente exilada, mas sem tristeza; pelo contrário, esse sofrimento é aceito com a certeza de que torna a pessoa digna de viver em Deus, e converte-se assim num meio semelhante à intervenção cirúrgica que se aceita a fim de salvar a própria vida. Aceita-se sofrer para obter um bem, pois quem quer o fim, quer os meios.

Ainda hoje há garimpeiros que caçam ouro; a sua felicidade consiste em encontrar esse metal, mas, para encontrá-lo, têm muitas vezes de sofrer privações de todo o tipo. Faz parte das regras do jogo. São sustentados pela esperança, mas por uma esperança sem outro fundamento que não a sorte. Em contrapartida, as almas do Purgatório não só aceitam, mas até desejam espontaneamente a purificação, a fim de virem a possuir um bem absoluto que já lhes está assegurado.

## O fogo do Purgatório

Por que é que se fala do "fogo" do Purgatório? Vimos acima que no inferno há uma dupla pena, a da privação de Deus e a do remorso, do desespero, um resqueimor muito intenso na alma, expresso pela imagem do fogo. As almas do Purgatório, em contrapartida, sofrem por ainda não estarem na posse da vida de união direta com Deus, mas não se encontram submetidas à mesma pena de sentido das almas condenadas, uma vez que a sua purificação se faz com esperança e caridade. As "chamas" do Purgatório induzem a pressupor uma semelhança entre esse estado e o Inferno; ora, as almas que se encontram no Purgatório têm a certeza de virem a possuir a felicidade eterna, e portanto não podem ser infelizes.

Mas a imagem do *fogo*, em que se materializou a ideia da purificação, deriva aqui da necessidade dessa purificação. Encontramos com frequência essa comparação na Sagrada Escritura: a alma deve ser purificada pela tribulação como o ouro pelo fogo. Com efeito, os ourives da Antiguidade fundiam o ouro bruto num cadinho aquecido a temperaturas muito altas, retiravam as impurezas que flutuavam sobre a superfície do metal líquido, e obtinham assim o ouro puro. São Pedro afirma que os sofrimentos presentes devem servir para provar o valor da nossa fé, *muito mais preciosa que o ouro, o qual se prova pelo fogo* (1 Pe 1, 7).

## Rezar pelas almas do Purgatório e rezar às almas do Purgatório

Via de regra, quando se fala em "aliviar" as pessoas amadas que se supõe estarem no Purgatório, costuma-se apresentar a questão como se elas tivessem um "castigo" a suportar antes de poderem ser libertadas, e como se se pudesse "abreviar" esse "castigo" mediante a celebração de Missas pelos defuntos. O que ocorre, na verdade, é que todos os fiéis podem contribuir fraternalmente para a purificação dessas almas por meio da Comunhão dos Santos. O Concílio Vaticano II ensina que "a Igreja peregrinante, tendo perfeita consciência da comunhão que reina em todo o Corpo Místico de Jesus Cristo, já desde os primeiros tempos da religião cristã guardou com grande piedade a memória dos que morriam e ofereceu sufrágios por eles, porque *um bom e salutar pensamento é orar pelos defuntos para que fiquem livres dos seus pecados* (cf. 2 Mac 12, 46)" (Const. dogm. *Lumen gentium*, n. 50).

As almas do Purgatório nada podem merecer para si mesmas, e por isso a *Igreja militante* — os fiéis que estão na terra — vem em socorro da *Igreja padecente*, isto é, das almas do Purgatório. Os fiéis podem participar da purificação dessas almas para que elas obtenham a visão que lhes dará a felicidade definitiva:

— mediante a oração, pois todos os dias se roga por elas na Santa Missa, especialmente no dia 2 de novembro, e por meio das orações privadas;

— oferecendo a Deus, em favor delas, os méritos das nossas boas obras e dos nossos sofrimentos voluntariamente aceitos;

— oferecendo em seu benefício o Sacrifício da Missa, que expressa e realiza a satisfação infinita de Cristo. Poucos se esquecem de fazê-lo pelos seus parentes e amigos, mas também seria bom pedir que se rezem Missas pelas almas do Purgatório abandonadas, pois é um ótimo "investimento" espiritual.

Se as almas do Purgatório nada podem merecer para si mesmas, em contrapartida têm a possibilidade de interceder por nós e de obter-nos graças. Já alcançaram a salvação e, portanto, gozam da amizade e do amor de Deus e estão mais próximas dEle do que nós, e consequentemente num estado privilegiado para obterem as graças de que precisamos. Devemos sem dúvida rogar pelos nossos defuntos, mas também podemos rezar-lhes.

Encontrá-los-emos não no cemitério, mas na Missa, onde rezam junto conosco.

\* \* \*

O Céu não tem portas, e quem quiser entrar pode fazê-lo, porque Deus é todo misericórdia e permanece com os braços abertos para admiti-lo na sua glória. No entanto, o ser de Deus é tão puro que a alma justa, ao sair do seu corpo, vendo em si mesma alguma coisa que turva a sua inocência primitiva e se opõe à sua união com Ele, experimenta uma aflição incomparável; e como sabe muito bem que esse impedimento não pode ser destruído senão pelo fogo do Purgatório, desce até lá imediatamente e com plena vontade [...]. Sabendo que o Purgatório é o banho destinado a lavar essa espécie de manchas, corre para lá [...], pensando muito menos nas dores que a esperam do que na alegria de reencontrar ali a sua primitiva pureza. (Santa Catarina de Gênova, *Tratado do Purgatório*, n. 12)

Esforcemo-nos por fazer penitência nesta vida. Como será doce a morte de quem de todos os seus pecados a tem feita e não há de ir ao Purgatório! (Santa Teresa, *Caminho de Perfeição*, 40, 9)

Melhor é purificar agora os pecados e vícios do que deixá-los para o purgatório. (*Imitação de Cristo*, I, 24, 3)

As almas benditas do purgatório. — Por caridade, por justiça, e por um egoísmo desculpável — podem tanto diante de Deus! —, lembra-te delas com muita frequência nos teus sacrifícios e na tua oração. Oxalá possas dizer, ao falar nelas: "Minhas boas amigas, as almas do purgatório..." (Josemaria Escrivá, *Caminho*, n. 571)

Perante a dor e a perseguição, dizia uma alma dotada de sentido sobrenatural: "Prefiro apanhar aqui a apanhar no purgatório!" (Josemaria Escrivá, *Forja*, n. 1046)

A Virgem prometeu aos que vivessem e morressem com o escapulário — ou com a medalha, devidamente abençoada, do Sagrado Coração e da Virgem do Carmo, que o substitui —, a graça de obterem a *perseverança final* [cf. Inocêncio IV, Bula *Ex parte dilectorum*, 13/01/1252], isto é, uma ajuda particular para se arrepende-rem nos últimos momentos da sua vida, se não estiverem em graça. A esta promessa acrescenta-se o chamado *privilégio saba-tino* — que consiste em a alma se libertar do Purgatório no sábado seguinte à morte [cf. João XXII, Bula *Sacratissimo uti cul-mine*, 03/11/1322] (Francisco Fernández--Carvajal, *Falar com Deus*, 4ª ed., Qua-drante, São Paulo, 2016, vol. 7, p. 19).

# O CÉU

*Que é o Céu?*

Todos os homens desejam a felicidade. Todos os cristãos, além disso, creem na vida eterna e desejam-na com toda a sua alma, pois é a felicidade sem fim. Para desejarmos alguma coisa, temos evidentemente de conhecer a sua bondade e beleza. O desejo é sempre um anelo de posse. Mas, tratando-se da bem-aventurança eterna, esse desejo é uma verdadeira avidez, isto é, uma *necessidade real* de posse. Vale a pena refletirmos um pouco sobre essa posse eterna da vida definitivamente feliz, *a vida do Céu.*

Importa desejar o Céu com toda a alma, pois é o objeto da nossa esperança: *Temos de Deus um edifício, uma casa não feita por mãos humanas, eterna, nos céus* (2 Cor 5, 1). Tendemos com todo o nosso coração para esse objetivo final da nossa vida, por um desígnio de Deus Criador, que quis fazer de nós criaturas inteligentes, capazes de tomar parte na sua própria Vida e de louvá-lo eternamente. Em outras palavras, o desejo do Céu impõe-se a qualquer pessoa que pense nele.

## A doutrina da Igreja

1. *No Céu, os eleitos veem a Deus* e conhecem-no de maneira clara, direta e imediata, sem o auxílio do raciocínio; é o que se chama *visão intuitiva*. Não se trata de uma visão passageira, como a que Deus às vezes concede a almas muito santas, mas de um *estado* diferente daquele em que vivemos. Nesse estado, a inteligência humana encontra-se livre da ignorância e

do erro, pois vê tudo *em Deus*, que nos fez inteligentes para que pudéssemos chegar a esse termo, com ou sem conhecimentos científicos. Para a criatura, será uma alegria imensa conhecer no Céu a beleza da Criação e as leis que a governam.

Por outro lado, essa visão de Deus dá aos eleitos uma felicidade indizível, já que Ele se mostra à alma na sua *infinita bondade*: é a *visão beatífica*. Compreender — cada um conforme a sua medida — que Deus é Amor produz uma felicidade proporcional a esse conhecimento.

2. Os eleitos contemplam a Deus, uns mais perfeitamente do que outros, *de acordo com os seus méritos*; a Sagrada Escritura afirma claramente que cada qual receberá a sua recompensa segundo as suas obras, o que é de justiça. Quando Cristo diz: *Na casa de meu Pai há muitas moradas* (Jo 14, 2), não devemos imaginar um palácio com quartos mais e menos belos. Em

todas as representações pictoriais do Céu, há pessoas mais próximas de Deus, e outras mais afastadas. Na realidade, porém, Deus *é tudo em todos* (1 Cor 15, 28).

Há graus na felicidade, tal como há graus no bem que se fez e que se faz. Na ordem natural, cada um atua segundo a sua capacidade: uns podem fazer coisas que outros não podem. Na ordem da recompensa, cada pessoa a receberá na medida em que tiver feito frutificar os dons recebidos de Deus. Já vimos, a respeito do Juízo, que se exigirá mais daquele que mais recebeu; e também para a recompensa, a medida da felicidade é a medida da fidelidade a Deus.

Existem, portanto, diferentes graus de felicidade entre os eleitos, mas essa desigualdade não é ocasião de ciúmes, pois cada um se encontra plenamente saciado. Um copo de água encontra-se cheio, e um caminhão-pipa também está cheio: a nenhum dos dois é possível acrescentar nada. Pode-se falar de desigualdade neste caso? Ou será necessário derramar metade do conteúdo do caminhão no copo? No Céu, a alma menos elevada em santidade está totalmente cumulada, é incapaz de receber mais, não pode aspirar a uma felicidade mais alta. Por conseguinte, cada um, na sua medida, é perfeitamente feliz.

3. *A felicidade do Céu é eterna*. Trata-se de uma verdade de fé, de um dogma: *Creio... na vida eterna*. Mas é também uma condição necessária para que a felicidade seja perfeita. Aqui na terra, quando nos sentimos felizes, pensamos: "Isto não vai durar", e no mesmo instante a felicidade diminui. Uma vida feliz com Deus, mas de duração limitada, é uma suposição absurda, impensável: a visão beatífica, uma vez concedida, já não pode perder-se.

É para nós difícil, ou melhor, impossível, conceber o que é a eternidade, imaginar o infinito. Se se diz que é uma duração sem fim, isso implica uma contradição, pois a duração é um espaço de tempo e a eternidade é um estado fora do tempo, portanto sem começo e sem fim. Não existe qualquer ponto de apoio para a imaginação, e nenhuma comparação é possível. Resta-nos crer que estaremos em Deus, que é eterno: *Tu guardas os que amam o teu nome, em ti tudo é júbilo. Alegria para os que guardaste, alegria eterna* (cf. Sl 5, 12) no Paraíso.

4. **Outra grande alegria será** *já não podermos pecar* nem desagradar a Deus, ou seja, estarmos fixados no bem. Isto não nos privará da liberdade, porque conservaremos a nossa natureza humana racional, com o exercício da nossa inteligência pelo conhecimento e da nossa vontade pelo amor.

O pecado será impossível porque viveremos já de Deus e em Deus. Pensaremos e amaremos na contemplação divina, não apenas com a fé e a esperança, mas com uma caridade — um amor — que terá tomado posse de nós definitivamente. A alegria que nos dará essa segurança de estarmos para sempre ancorados no bem será a mesma que experimentam os anjos.

5. Para que nada falte à bem-aventurança do Céu, é preciso acrescentar a grande alegria que será não só conhecermos a Santíssima Trindade, mas também vermos *Jesus*, Deus-Homem, e podermos admirar a sua Humanidade. Cristo é o mais belo dos filhos dos homens; a sua beleza, como a de Maria, é simples, e custa-nos muito imaginar a simplicidade. A alegria de ver a *Santíssima Virgem*, que todos desejamos contemplar, será também, sem dúvida, uma deliciosa surpresa. Bernadette dizia: "Depois que alguém a viu uma vez, desejaria morrer para voltar a vê-la".

6. Por fim, haverá a bem-aventurança de *encontrarmos de novo todos aqueles a quem amamos* e que nos precederam na casa do Pai. Há separações que não cicatrizam, e é somente a esperança do reencontro que sustenta o ânimo de quem fica para trás. Por isso, muitas pessoas esperam a morte e desejam o Céu para terem a alegria de encontrar os entes amados e sempre recordados.

A este propósito, põe-se uma questão: se duas pessoas que se amaram não se encontrarem no Céu, por uma delas ter ido para o Inferno, isso não será um sofrimento, um enorme sofrimento, para aquela que se salva? Só há uma resposta possível: como no Céu se verá e se julgará tudo em Deus e a partir de Deus, não se poderá senão ficar contente com a sua justiça, que então se poderá compreender. Por enquanto, porém, contamos apenas com a nossa razão humana, e não nos é possível fazê-lo.

Para os que somos cristãos, o padecimento causado pela morte de um ser querido nunca deve carecer de esperança, tanto por sabermos que Deus é misericordioso, como pela esperança de voltarmos a encontrar essa pessoa. Esta esperança é fundada.

É doloroso ver, aqui e ali, em alguns cemitérios, a fórmula demasiado repetida: "Saudades eternas". Na boca de um cristão, seria um sinal de falta de fé e de esperança, porque sabemos que as nossas saudades são temporárias. Essa fórmula flerta com o paganismo, pois pressupõe que a morte é um fim definitivo, e portanto é falsa tanto para quem tem fé como para os descrentes: porque se o homem desaparece com a morte, também as suas saudades não podem ser eternas. Já que na outra vida encontraremos os nossos defuntos, tudo não passa de um "até logo"; e a certeza de que nos esperam transfigurará o nosso sofrimento.

Em resumo, portanto, podemos dizer que o Céu será para cada um de nós a felicidade perfeita, que nos cumulará eternamente de acordo com a nossa capacidade, sem deixar por satisfazer um só desejo ou uma só necessidade. Em consequência, devemos desejá-lo acima de tudo. Tudo nos deve servir para lá chegarmos, e devemos estar dispostos a sacrificar tudo para lá chegar. Cristo diz-nos nas parábolas sobre o Reino dos céus: *O reino dos céus é semelhante a um tesouro escondido num campo, o qual, quando um homem o acha, esconde-o, e, cheio de alegria, vai, vende tudo o que tem e compra aquele campo* (Mt 13, 44).

Diante de um bem que vale a pena, não há nada mais razoável do que empregar todos os meios e fazer todos os sacrifícios necessários para obtê-lo. Ora, o que Deus nos oferece é o bem absoluto, para além de qualquer dúvida ou hesitação. E, mesmo assim, tanta gente parece não estar disposta a empregar os meios necessários para possuí-lo, recusa-se a pensar nele e chega até a ignorá-lo. É apenas uma pequena minoria que procura o Reino dos céus e a sua justiça: *Não temas, pequeno rebanho, porque foi do agrado do vosso Pai dar-vos o reino* (Lc 12, 32). Devemos ter a grande ambição de pertencer a esse rebanho, e de nele permanecer, apesar dos sacrifícios que implica. Basta pensar que a pessoa que encontrou o tesouro, vende *cheia de alegria* tudo o que tem para poder comprar o campo. Aqueles que não estão dispostos a sacrificar tudo pelo Reino dos céus, que não o procuram com esperança, não possuem a verdadeira alegria.

## Merecer o Céu

*Guardai-vos de fazer as vossas boas obras diante dos homens, com o fim de serdes vistos por eles, pois dessa sorte não tereis direito à recompensa do vosso Pai que está nos céus* (Mt 6, 1). Estas palavras do Senhor sublinham que a religião não deve ser unicamente uma "atitude exterior", e que a vida eterna junto de Deus é uma recompensa. Ora, uma recompensa tem de ser merecida, caso contrário, seria um presente, um dom. A promessa que Deus nos faz está na dependência de determinadas condições: *Se queres entrar na vida, guarda os mandamentos* (Mt 19, 17). Numa palavra, o Céu só nos estará assegurado na medida em que tivermos preferido Cristo a tudo o mais.

E como realizar na prática, em nós, esse desejo de merecer o Céu? Quais são as disposições necessárias?

A primeira é-nos mostrada por São Paulo: *Buscai as coisas que são do alto, onde Cristo está sentado à direita de Deus; afeiçoai-vos às coisas que são do alto, não às da terra* (Cl 3, 1-2). Infelizmente, continua a ser verdade que os homens, na sua maioria, se ocupam apenas das coisas da terra, com uma mentalidade "plana", sem referi-las a Deus; e em parte, é compreensível, pois não é fácil manter em tudo esse ponto de vista espiritual, que nos permite ter sempre presente que o nosso fim não se encontra na terra, mas no alto. A humana prudência lembra-nos a toda a hora que temos de trabalhar, de cuidar dos nossos deveres de estado, que precisamos ter os pés no chão, e é verdade. Mas o inimigo procura sempre torcer essas coisas para que nos ocupem *com exclusividade* e não nos levem à nossa santificação e ao apostolado por meio delas; e é nisto que reside o mal.

Por isso, encontramo-nos — e nos encontraremos até o fim — diante de uma opção a fazer, de uma decisão a tomar, e o combate espiritual consiste nessa luta que temos de travar para nos mantermos na direção correta, da qual o inimigo procura desviar-nos continuamente. Ele organiza tudo para que nos deixemos absorver, como se fossem um fim em si, pelas preocupações da terra. Mas, como somos criaturas livres, a escolha sempre recai sobre nós, e é a escolha certa que nos merece a recompensa.

Ocupar-se das "coisas do alto" nada tem a ver com uma espécie de misticismo que despreze os deveres, as necessidades e as alegrias deste mundo. Dispomos do exemplo de Cristo, que socorreu e cumulou de alegria aqueles que lutavam com as dificuldades mais terrenas, e para quem multiplicou os pães, proporcionou a pesca milagrosa, e que curou das suas doenças. Um dos mais tocantes milagres de Cristo é o das bodas de Caná, inspirado pelo desejo de não toldar a felicidade dos noivos numa festa de casamento. O que São Paulo deseja fazer-nos compreender é que a procura dos meios para chegarmos à vida eterna tem precedência sobre as preocupações daqui de baixo. *Buscai em primeiro lugar o reino de Deus e a sua justiça, e todas essas coisas vos serão dadas por acréscimo* (Lc 12, 31). A primeira condição, portanto, consiste em compreendermos essa *prioridade*.

A segunda é dispormo-nos a empregar os meios para chegar a esse fim. O Senhor disse ao jovem rico: *Vai, vende tudo quanto tens, dá-o aos pobres e terás um tesouro no céu* (Lc 18, 22), mas o rapaz não quis fazê-lo e foi-se embora, triste. Quando Jesus chama os Apóstolos, por exemplo Mateus, ocorre o contrário: bastou que o Mestre lhe dissesse *Segue-me* (Mt 9, 9), para que ele, deixando tudo, o seguisse. Para possuir o tesouro, é necessário ter a *disposição de vender tudo*. Não basta simplesmente compreender que se trata de um grande bem desejável. Mas, para chegarmos a essa lógica que prefere a vida eterna a tudo o mais, é necessário ter o coração livre:

— livre com relação ao dinheiro: é o *coração pobre*;

— livre com relação aos prazeres dos sentidos: é o *coração puro*;

— e livre com relação ao orgulho: é o *coração humilde*.

Em outros termos, a vontade não deve ser monopolizada pelas paixões egoístas, que nos impediriam de tender para a posse do bem primordial. Quem corre numa maratona desembaraça-se de tudo o que poderia diminuir a sua velocidade.

O desejo do Céu, evidentemente, não precisa demover a sensibilidade e a imaginação, pois *caminhamos pela fé, não pela visão* (2 Cor 5, 7). Mesmo que esse desejo não seja sensível, encontra-se realmente no nosso coração. A perspectiva da felicidade definitiva, que esperamos com toda a nossa confiança, conduz necessariamente a nossa vontade a lançar mão de todos os meios ao seu alcance para possuí-la, e isso é o que importa. Se disséssemos a uma pessoa que há tempos se encontra adoentada e enfraquecida: "Procure ir a tal ou qual lugar, pois ali você encontrará a cura total e definitiva", é possível que ela não manifestasse um entusiasmo especial. O que seria anormal era que não quisesse dirigir-se a esse lugar,

e mais triste ainda seria que esquecesse esse conselho.

## Sinais do autêntico desejo

Sendo evidente a importância da questão, poderíamos perguntar-nos se não
existe um teste que nos permita reconhecer se temos ou não um autêntico desejo
do Céu no nosso coração. Pois bem, esse
teste existe. Quando a nossa vontade está
firmemente decidida a chegar ao Céu, sur-
gem determinados sinais reveladores:

— *O desprendimento*. Vimos que, na
ordem espiritual, a pureza de coração é
uma condição necessária para desejarmos
habitualmente o Céu. Ao mesmo tempo,
porém, é também uma consequência desse
desejo, na medida em que a alma, quanto
mais orientada estiver para o Céu, mais
se separará do que não lhe serve para
alcançá-lo.

O desejo do Céu faz nascer o desapego também na ordem material. Basta um mínimo de senso de humor para percebermos que não é necessário estar sempre na vanguarda da moda e que, ao mesmo tempo, é ridículo associar o desejo da vida eterna aos pequenos comodismos daqui de baixo. As almas santas que vivem desejosas do Céu mostram-se livres em face de tudo e de si mesmas.

— *A valentia*. No combate espiritual contra o inimigo, empenhado em levantar barreiras na estrada que nos conduz a Deus, temos de ultrapassar esses obstáculos um a um, e para isso devemos manter uma luta sem tréguas.

Os que têm a coragem de lutar sem desfalecer trazem no coração o desejo do Céu: é um sinal certo, porque um combate que dura toda a vida só pode estar inteiramente orientado para a bem-aventurança definitiva: *Aquele que perseverar até o fim, esse será salvo* (Mt 10, 22). Mesmo na ordem natural, são somente os corajosos que alcançam as metas que se propuseram. Se um cristão não tivesse a valentia suficiente para cumprir fielmente as suas obrigações religiosas, seria de temer que, para ele, o Reino dos céus não fosse a *única coisa necessária*.

O principal elemento da luta espiritual é que não nos deixemos dominar pelo derrotismo. Os santos sempre empregaram, neste combate, uma arma eficaz: a penitência, a Confissão; também nós não devemos esquecê-la, pois é o meio de recomeçarmos.

— *A aceitação da dor*. Não podemos esquecer que o caminho que conduz ao Céu passa pelo Calvário. Devemos, portanto, aceitar os sofrimentos próprios desta vida e levar a nossa cruz em seguimento de Cristo. Na verdade, a aceitação da dor não é apenas um sinal de que desejamos o Céu, mas o meio necessário para alcançá-lo. É preciso participar da Paixão de Cristo, se se quer ter parte na sua glorificação, diz São Paulo (cf. 2 Cor 1, 7).

Por outro lado, o sofrimento não se suporta sem esperança, e não há dúvida de que o desejo do Céu transfigura a dor. Este ponto é de capital importância, e por isso devemos falar do Céu a todos aqueles que se encontram esmagados pela dor. Àqueles que não compreendem por que sofrem, será preciso explicar-lhes que, se a nossa vida é uma prova, a dor que a acompanha deve ajudar-nos a obter a recompensa do Céu. Quanto aos que compreendem esta verdade, mas não têm forças para pô-la em prática, é preciso mostrar-lhes que o nosso sofrimento é transfigurado pelo sofrimento de Cristo. Para todos nós, o sofrimento é uma chave maravilhosa que temos de saber manejar para abrir a porta do Paraíso.

— *A oração*. Vimos que a felicidade do Céu consistirá na união com Deus: *Eis o tabernáculo de Deus com os homens; habitará com eles, eles serão o seu povo e o próprio Deus com eles será o seu Deus. Enxugar-lhes-á todas as lágrimas dos olhos, e não haverá mais morte, nem luto, nem clamor, nem dor* (Ap 21, 3-4). Ao refletirmos sobre esta verdade e ao tomarmos consciência de que a felicidade eterna nos é prometida *a cada um de nós*, a nossa primeira forma de oração será o pedido de que nos seja concedida.

Em primeiro lugar, está a petição direta: "A nós que somos os vossos filhos, concedei, ó Pai boníssimo, a herança da vida eterna, junto da Virgem Maria, a bem-aventurada Mãe de Deus, junto de todos os Apóstolos e de todos os santos no vosso Reino". E como sabemos que é preciso merecer o Céu, e que somos demasiado fracos para fazer o bem e evitar o mal por nós mesmos, pediremos também na oração o auxílio da graça, que nos é indispensável. Bem o sabia o Senhor, que nos disse: *Sem mim, nada podeis fazer* (Jo 15, 5), mas também: *Pedi e ser-vos-á dado* (Mt 7, 7). Convém-nos muito

113

reconhecer humildemente que não confiamos nas nossas próprias forças, mas na graça que Deus prometeu aos que confiam na sua misericórdia.

A oração também deve ser um pedido de perdão: *Perdoai-nos as nossas ofensas*. Vale a pena repeti-lo: Deus concedeu-nos a possibilidade sempre atual de nos purificarmos mediante o Sacramento da Penitência, de que não podemos esquecer-nos se queremos estar a toda a hora preparados para o Céu. Dispomos também do Sacramento da Unção dos Enfermos, ao qual devemos recorrer quando vier a ser necessário. A Igreja faz-nos rezar assim: "Admiti-nos a nós, pecadores, que depositamos a nossa esperança na vossa misericórdia inextinguível, na comunidade dos bem-aventurados Apóstolos, dos mártires e de todos os santos. Acolhei-nos na sua companhia, sem nos julgardes pelos nossos méritos, mas lembrando-vos do vosso perdão".

— A *presença de Deus* na vida cotidiana é outro sinal do desejo do Céu: faz-nos dirigir para Ele os nossos trabalhos e esforços, e leva-nos a cumprir com perfeição e amor os deveres cotidianos (familiares, profissionais, sociais), convertendo-os em *hóstias espirituais, agradáveis a Deus por Jesus Cristo* (1 Pe 2, 5); e transforma as coisas mais comezinhas e materiais, se realizadas em união com a Vontade de Deus, em meio de acumularmos grandes tesouros no Céu (cf. Mt 6, 20).

— Por último, temos as *obras de misericórdia*, pois ao descrever o julgamento dos justos, o próprio Cristo as menciona como caminho que leva para o Céu: *Vinde, benditos de meu Pai, tomai posse do reino que vos está preparado desde a criação do mundo. Pois tive fome e me destes de comer; tive sede e me destes de beber; era estrangeiro e me acolhestes; estava nu e me vestistes; doente e me visitastes; no cárcere e me viestes ver* (Mt 25, 34-36). E não esqueçamos que uma das mais tristes carências é a carência espiritual, o que significa que uma das principais obras de misericórdia é o apostolado, que ajuda os outros a conhecer e amar a Deus, e a seguir o caminho que conduz ao Céu.

A consequência prática de tudo o que acabamos de ver é a necessidade de fazermos nascer e crescer na nossa alma o desejo da vida eterna, para nós e para os outros. Este desejo deve ser vivo, não platônico, e exige de nós uma grande parcela de entusiasmo que sustente a nossa coragem e nos mantenha vigilantes, pois não devemos estar dormindo quando o Senhor chegar.

\* \* \*

É digno de nota que a bem-aventurança é outorgada em proporção à caridade, e não em proporção a qualquer outra virtude. (São Tomás de Aquino, *Sobre a caridade*, 204)

Aqui, a caridade é já um começo da vida eterna, e a vida eterna consistirá num ato ininterrupto de caridade. (São Tomás de Aquino, *Suma Teológica*, 1-2, q.114, a.4)

Quando contemplares a Deus tal como é, terás um corpo imortal e incorruptível, como a alma, e possuirás o reino dos céus, tu que, vivendo na terra, conheceste o Rei celestial; participarás da felicidade de Deus, serás coerdeiro de Cristo e já não estarás sujeito às paixões nem às doenças, porque terás sido feito semelhante a Deus. (Santo Hipólito, *Tratado sobre a refutação das heresias*, 10)

O louvor transborda de um coração demasiado cheio. E se já louvamos aquilo em que cremos, como louvaremos quando o virmos? (Santo Agostinho, *Sermão 255, sobre o "aleluia"*).

Que enorme estultícia é amontoar ali de onde se há de partir, e não enviar para onde se há de ir! Põe as tuas riquezas onde tens a tua pátria. (São João Crisóstomo, in *Catena Aurea*, vol. I, p. 386)

Os que se amam, procuram ver-se. Os enamorados só têm olhos para o seu amor. Não é lógico que seja assim? O coração humano sente esses imperativos.

Mentiria se negasse que me move tanto o afã de contemplar a face de Jesus Cristo. *Vultum tuum, Domine, requiram*, buscarei, Senhor, o teu rosto. Apaixona-me fechar os olhos, e pensar que chegará o momento — quando Deus quiser — em que poderei vê-lo, *não como num espelho, sob imagens obscuras..., mas face a face*. Sim, filhos, *o meu coração está sedento de Deus, do Deus vivo. Quando irei e verei a face de Deus?* (Josemaria Escrivá, in *Folha Informativa*, n. 1, p. 1)

Pela senda da humildade vai-se a toda a parte..., fundamentalmente ao Céu. (Josemaria Escrivá, *Sulco*, n. 282)

A despeito dos que negam a Deus, também nestes tempos a terra está muito perto do Céu. (Josemaria Escrivá, *Forja*, n. 992)

Estou cada vez mais persuadido disto: a felicidade do Céu é para os que sabem ser felizes na terra. (Josemaria Escrivá, *Forja*, n. 1005)

A nossa Mãe subiu em corpo e alma aos Céus. Repete-lhe que, como filhos, não queremos separar-nos dEla... Ela te escutará! (Josemaria Escrivá, *Sulco*, n. 898)

# CONCLUSÃO

Que devemos concluir de todas estas reflexões sobre os fins últimos?

A primeira conclusão que se impõe é que é absolutamente indispensável *nunca perdermos de vista o nosso objetivo.*

Pensemos num barco que se encontra em alto-mar há alguns dias. Se perguntássemos ao capitão qual o destino desse barco, e ele nos respondesse: "Não sei nem quero saber; tenho outras coisas em que ocupar-me", teríamos todo o direito de pensar que esse capitão estaria mais bem situado na sala de máquinas do que na cabine de comando. Quanto a nós, sabemos para onde vamos, mas pensamos pouco no nosso destino porque nos deixamos absorver demasiado pelas preocupações imediatas da vida presente.

Seria uma pena que prestássemos pouca atenção à bússola e aos mapas de navegação, como o deve fazer um bom navegante, e descobríssemos no final da viagem que nos afastamos da rota e não chegaremos a bom porto. Por outro lado, ao longo da travessia, corremos o risco de ficar sem combustível, mesmo que a rota esteja correta. Para nós, esse combustível é o amor de Deus, de que devemos tomar consciência crescente através da perseverança na oração e na frequência dos Sacramentos, e a que devemos corresponder com o coração e com as obras. Por fim, há ainda o perigo de não evitarmos um banco de areia, que nos obrigaria a diminuir a velocidade: é o que acontece quando nos deixamos deter por uma multidão de pequenas coisas egoístas ou inúteis.

Tudo isto ajuda-nos a compreender, a nós que cremos na vida eterna, que temos de vigiar-nos para não pensar nem agir sem renovar constantemente a perspectiva do nosso último fim.

A segunda conclusão é que a recompensa do céu deve ser merecida pela *caridade*, isto é, pelo amor.

Vimos acima que a única atitude verdadeiramente essencial para recebermos a recompensa eterna é a fidelidade em realizarmos na nossa vida aquilo que sabemos ser a vontade de Deus. Será possível, então, sintetizar em duas palavras o que constitui essa vontade de Deus para todos e para cada um de nós? Sim, e é o próprio Senhor quem no-lo diz: *Dou-vos um mandamento novo: que vos ameis uns aos outros, e que, assim como eu vos amei, vos ameis também uns aos outros. Nisto conhecerão todos que sois meus discípulos, se tiverdes amor uns aos outros* (Jo 13, 34-35).

Noutro momento, ao falar do Juízo final, e das recompensas e castigos que então serão atribuídos a cada um, Cristo, como já víamos, declara que tomará como regra, como medida, como metro, a caridade de que os homens tiverem usado para com o próximo.

Por fim, há ainda uma terceira conclusão: *contamos com uma ajuda poderosa* nesta caminhada em direção ao Reino dos céus.

Sabemos por experiência que é difícil, e às vezes bastante duro, permanecermos fiéis à vontade de Deus durante toda a vida, porque somos fracos e a tentação é pérfida e tenaz. A luta que o homem tem de sustentar contra o inimigo é sem tréguas. Mas Deus sabe muito bem disso, e Cristo diz-nos: *Sem mim, nada podeis fazer*; em contrapartida, com Ele, com a sua graça, *podemos tudo*. É essencial que não o esqueçamos, e que lhe peçamos este socorro.

Neste sentido, é importante tomarmos consciência de que Cristo, ao subir para o Pai, abriu aos fiéis o Reino dos céus. A sua vitória sobre o pecado, o demônio e a morte é um fato indiscutível, que nos salvou. A nossa redenção foi levada a cabo pelo Sangue de Cristo, e nós vivemos desse mistério e graças a ele. Na sua Encíclica sobre *O Redentor do homem*, o Papa João Paulo II diz-nos: "Em todas as épocas, e mais particularmente na nossa, o dever fundamental da Igreja consiste em orientar o olhar do homem, orientar a consciência e a experiência de toda a humanidade para o mistério de Cristo, e ajudar todos os homens a ganharem familiaridade com a profundidade da Redenção realizada por Cristo Jesus" (Enc. *Redemptor hominis*, n. 10).

E para não nos perdermos nem nos atrasarmos neste caminho de identificação com Cristo, o Papa acrescenta que "ninguém está mais habilitado do que

Nossa Senhora para introduzir-nos nesse mistério, graças à sua participação absolutamente única na Redenção pela sua maternidade". Como Ela é Mãe da Igreja, participa do desígnio divino de salvação de todos os homens.

Se reservarmos na nossa alma um espaço central para Nossa Senhora, pedindo-lhe que seja Ela quem oriente a nossa vida, de modo que pensemos e atuemos em uníssono com Ela, se nos consagrarmos a Ela para lhe pertencermos por inteiro, teremos sem dúvida o desejo do Céu. Em todos os corações, o Céu traz necessariamente consigo a Santíssima Virgem, em cuja companhia cantaremos o *Magnificat* eterno. Chegar a Jesus por Maria, esta é a realização do plano da Encarnação. Portanto, o caminho da vida mariana conduzir-nos-á com certeza ao Céu.

Só nos resta agora escutar e guardar nos nossos corações as palavras de

Cristo, que são a garantia da nossa esperança na vida eterna bem-aventurada: *Pai, quero que, onde eu estou, estejam também comigo aqueles que me deste* (Jo 17, 24). É o último pedido formulado pelo Filho ao Pai, antes de morrer na Cruz. Ao longo de todo o Evangelho, Cristo dá graças ao Pai ou suplica-lhe; aqui, exprime a *sua* vontade: *Quero*. E por que essa insistência? *Para que contemplem a minha glória, a glória que me deste [...], a fim de que o amor com que me amaste esteja neles e eu neles* (Jo 17, 24-26). A nossa salvação, a posse da nossa verdadeira vida em Deus, será o triunfo do projeto divino de amor eterno, para a sua glória.

*Direção geral*
Renata Ferlin Sugai

*Direção de aquisição*
Hugo Langone

*Produção editorial*
Juliana Amato
Gabriela Haeitmann
Ronaldo Vasconcelos
Roberto Martins

*Capa*
Provazi Design

*Diagramação*
Rafael Marques

ESTE LIVRO ACABOU DE SE IMPRIMIR
A 01 DE JUNHO DE 2024,
EM PAPEL OFFSET 75 g/m².